荆楚风 湖北旅游丛书之二

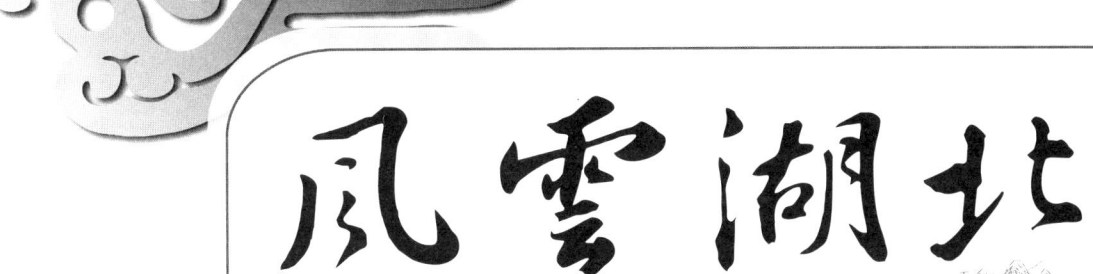

风云湖北

李开寿 主编 / 唐昌华 副主编

长江出版传媒
湖北人民出版社

图书在版编目(CIP)数据

风云湖北 / 李开寿主编;唐昌华副主编.
武汉:湖北人民出版社,2018.4
(荆楚风·湖北旅游丛书之二)
ISBN 978-7-216-09443-6

Ⅰ.风… Ⅱ.①李…②唐… Ⅲ.旅游指南—湖北 Ⅳ.K928.963
中国版本图书馆 CIP 数据核字(2018)第 042352 号

责任编辑:胡心婷　刘　佳
封面设计:董　昀
责任校对:范承勇
责任印制:谢　清

出版发行:湖北人民出版社	地址:武汉市雄楚大道 268 号
印刷:湖北新华印务有限公司	邮编:430070
开本:787 毫米×1092 毫米 1/16	印张:20
字数:206 千字	插页:3
版次:2018 年 4 月第 1 版	印次:2019 年 9 月第 3 次印刷
书号:ISBN 978-7-216-09443-6	定价:39.80 元

本社网址:http://www.hbpp.com.cn
本社旗舰店:http://hbrmcbs.tmall.com
读者服务部电话:027-87679656
投诉举报电话:027-87679757
(图书如出现印装质量问题,由本社负责调换)

《荆楚风·湖北旅游丛书》编委会

主　任：　晏蒲柳　钱远坤
副主任：　周正素　李开寿　徐　勇　陈祖刚　唐昌华
　　　　　刘　晗　文汉臣
成　员：　王泰格　李　平　张　珉　陈　伟　高　晴
　　　　　童建新　李兆金　杜　勇　余世燕　王令德
　　　　　王李力　李啟金

顾　问：　熊召政
主　编：　李开寿
副主编：　唐昌华
编　写：　高　晴　陈同月　李　涛　李长林　曹巧红
　　　　　张　超　马　冲　陈　丹　冉艳丽　刘　方
　　　　　郑爱民　程芙蓉
编　务：　许　辉　李巧玲

序

花了一个星期的时间，读完这套《荆楚风·湖北旅游丛书》，全书共有《风光湖北》《风云湖北》《风味湖北》《风尚湖北》四册。

读完四册，第一个感慨是编撰者下了大功夫、苦功夫。循常例，比类分的编撰是比较容易完成的。只要借助一些工具书，从网上下载一些资料，稍加整理即可成册。但是，这套书的写作者却是不肯当"文抄公"，而是认真研究古籍，整理掌故，踏勘山水，比较名胜。力争做到心中有象，呈现云雾之锦；笔下生花，不留遗珠之憾。我想，编撰者的初衷，是想写一套介绍湖北旅游资源的工具书。但是，在讨论体例、写作规模的时候，一次一次地升华自己的想法，提高编撰的标准，最终形成现在这套书高雅的品位和质量。

用风光、风云、风味、风尚四个大家耳熟能详的词汇，来描绘湖北的山川地貌、人文历史、风土人情、现代时尚，也体现了编撰者的匠心。作为地地道道的湖北人，书中所介绍的名胜古迹，我大都探访过；所描摹的历史人物，我也景仰心仪；至于江湖城郭、楼台寺观，甚至草木花卉、岁时风土，我也生活其中，大都熟悉。细细读来，感到编撰者的彩笔融进了真挚的爱、浓郁的情；饱含了对家乡的热爱、对荆山楚水江汉大地的深情。这套书不仅对旅游者有着强大的吸引力，亦可作为乡土教材，唤起游子们的乡愁，加深他们对家乡的印象。

感谢省旅游委完成了这套书的编撰及出版，作为湖北的一项文化惠民工程，功莫大焉！相信这套丛书问世之后，一定会得到旅游者、读者的喜爱，也一定会得到多方面人士的评价及检验。集思广益，集腋成裘，我相信这套书还会不断升华提高，推出修订版、升级版。

是为序。

熊召政

2018 年 3 月 26 日于龙潭书院

目录 ①

■ 风云湖北

风云湖北赋　　刘友凡

第一章　大事

第一节　楚国八百年 / 003

熊绎受封 / 003

熊渠拓疆 / 005

熊通自立为王 / 007

庄王称霸 / 010

吴师入郢 / 014

吴起变法 / 017

怀王滞秦 / 019

第二节　往事越千年 / 024

绿林起义 / 024

三顾茅庐 / 026

赤壁之战 / 030

夷陵之战 / 034

襄阳之战 / 036

目录

"天下四聚"——汉口崛起 / 040

第三节　近现代风云 / 043

林则徐武汉禁烟 / 043

汉口开埠 / 045

近代工业崛起 / 047

武昌起义 / 050

武汉共产主义小组成立 / 053

"二七"大罢工 / 055

汀泗桥和贺胜桥战役 / 058

"八七"会议 / 061

黄麻起义 / 064

武汉会战 / 067

中原突围 / 068

刘邓大军跃进大别山 / 073

洪炉锻打的威风　刘益善 / 076

目录 ③

■ 风云湖北

第二章　名人

第一节　领袖纪 / 081

毛泽东：最爱武汉　/ 081

李先念：我本红安　/ 082

董必武：起于黄冈　/ 083

第二节　英雄传 / 085

关羽："武圣"　/ 085

陈友谅：成王败亦王　/ 087

黎元洪：民国大总统　/ 089

熊秉坤：首举义旗　/ 091

程正瀛：武昌起义第一枪　/ 093

彭楚藩、刘复基、杨洪胜：首义三杰　/ 094

徐海东："虎将军"　/ 096

王树声：大别山英雄　/ 098

项英：新四军创始人　/ 100

段德昌：共和国第一号烈士　/ 101

目录

第三节　帝相说 / 103
　　帝王春秋　/ 103
　　治世名臣　/ 112

第四节　百家谱 / 121
　　思想大家　/ 121
　　科技巨星　/ 126
　　翰墨雄才　/ 136

第五节　佛道缘 / 160
　　道教大师　/ 160
　　佛教大师　/ 165

第六节　巾帼志 / 173
　　中华圣母　/ 173
　　忠孝佳人　/ 175
　　艺界美玉　/ 180
　　体坛明珠　/ 183

拜谒李时珍　陈世旭　/ 187

第三章　胜迹

第一节　世界遗产 / 193

武当山　/ 193

明显陵　/ 196

咸丰唐崖土司城遗址　/ 198

第二节　荆楚寻根 / 202

炎帝故里　/ 202

屈家岭遗址　/ 204

擂鼓墩曾侯乙墓遗址　/ 206

楚纪南故城　/ 208

荆州熊家冢　/ 209

习家池　/ 211

麻城孝感乡　/ 213

铜绿山古铜矿遗址　/ 214

目录

黄石国家矿山公园 / 216

长阳人遗址 / 218

枣阳雕龙碑遗址 / 220

天门石家河遗址 / 222

"千年古县"大冶市 / 224

第三节 三国胜迹 / 226

古隆中 / 226

荆州古城 / 228

襄阳古城 / 230

赤壁古战场 / 232

当阳关陵 / 234

鄂州吴王古都 / 236

第四节 名人故里 / 238

屈原祠 / 238

昭君故里 / 240

陆羽故里 / 241

东坡赤壁 / 243

目录

■ 风云湖北

张居正故居 / 245

杨守敬书院 / 247

李先念故居 / 248

第五节　建筑瑰宝 / 251

黄鹤楼 / 251

大水井 / 254

鱼木寨 / 255

恩施土司城 / 257

恩施女儿城 / 260

阳新阚家塘 / 262

第六节　宗教圣地 / 265

四祖寺 / 265

五祖寺 / 267

玉泉寺 / 269

随州大慈恩寺 / 270

宝通寺 / 272

归元寺 / 274

目录

长春观 / 276

老祖寺 / 278

鄂州西山清泉寺 / 279

新洲报恩禅寺 / 281

第七节 革命胜迹 / 283

辛亥革命武昌起义军政府旧址 / 283

"八七"会议会址 / 285

中央农民运动讲习所旧址 / 286

红安革命烈士陵园 / 288

红安七里坪镇 / 290

瞿家湾 / 292

宣化店 / 293

中共五大会址纪念馆 / 295

随州新四军第五师旧址群 / 297

习家池的气息 席星荃 / 300

后 记 / 304

风云湖北 赋

刘友凡

　　荆楚居华夏之中，称九州通衢。山川灵秀，共美华夏；儿女忠义，竞写青史；风云激扬，荡古涤今。

　　洪荒开犁，肇蒙混沌耕先河。厉山炎帝，始创农耕，开民食之源，正民望之德。西陵嫘祖，教民养蚕，以供衣被。江陵墓藏，揽先秦丝织，地下丝绸宝藏。屈家岭陶纹，石家河龙凤，雕刻华夏图腾。铜绿山古矿，炉火映红古今。楚漆襄样，天下取法。曾侯乙编钟，春秋乐音绝响。高山流水，伯牙毁琴祭知音。鬻熊尊上古遗训，子事文王。孔子适楚，诗记周南二召。屈子独醒，《楚辞》啼血千古。武当道教圣地，四祖五祖释佛，陆羽茶经十论，东坡豪放词宗，毕昇胶泥铸字，时珍本草纲目，四光地质力学，光亚两弹元勋，国器连藩，星耀环宇。

　　筚路蓝缕，逐鹿中兴鼎春秋。楚之祖封于周，子男五十里。熊绎辟楚，成王兴楚，庄王强楚，数代累功，举文武勤劳，融华夏血脉。怀王衰楚，襄王败楚，皆重群小，放逐干城，楚厦自倾，一触即溃。端午吊忠魂，万世祭屈子。枣阳刘秀，复高祖之业，创光武中兴，铸文景之治。卧龙躬耕襄阳，三顾茅庐传千古，三分天下隆中对。赤壁鏖兵立三国，关羽大意失荆州。明继元起，功于元璋，逢九宫高僧，授民生大计，"高筑墙、广积粮、缓称王"，立大明盛世。江陵居正，考绩裁冗，推一条鞭法，开万历新政。崇祯自润官府，涂炭生灵，天下糜烂，血诏自裁。大顺之势，创于自成，十六载艰辛，两个月全胜，四十天转败。九宫山遇难，大顺朝告终。《甲申三百年祭》，郭沫若论说民心。总督张之洞，创办新学，编练新军，湖北新政领晚清。辛亥首义，扫除千年帝制，开启复兴闸门。华夏新生，圣火映天，肇自首义，功成开场。

中国诞生共产党，开天辟地大事变。一大代表十三位，鄂籍代表有五席。北伐铁军，武昌城头奏凯歌。铜锣震天，黄麻起义建红军。先遣北上，徐海东奠基陕北迎会师。抗日救亡，李先念八载浴血挺江汉。中原突围，战略转移破铁壁。经略三军，刘邓军千里跃进掀大幕。英烈捐躯，来者继起，挺民族之躯，谋百姓之福。

兴水减灾，圆梦伟业写新篇。万里长江，险在荆江，安澜佑民，千代追梦。大禹疏川导滞，叔敖宣导川谷，桓温始建金堤。两宋拓堤有记。明季堤立万城。孙中山首倡闸堰三峡，毛泽东挥手，截断巫峡云雨。石壁立西江，平湖出高峡，除长江之险，免心腹之患。中线调水，长河二千五百里，增中华生机，添民族活力。长江兴水，荆楚三百万生民，别祖坟辟新居。中国福祉，世界奇迹。

呜呼！滚滚长江，悠悠春秋。荆楚儿女，代代弄潮，成亦耀星，败亦留痕。兴衰岂无凭，得失亦有故，修身有定理，家国存至道。是故，强信仰之基，立宏远之志，累坚韧之功，创千秋之业。唯楚有才，鉴者如斯。

二〇一八年三月于东湖

第一章 大事

Diyizhang
Dashi

Diyizhang

FengyunHubei Dashi 风云湖北

湖北处长江之中游，居华中之腹地，物华天宝，人杰地灵。

荆楚大地，每每发出历史的最强音。

这里是楚文化的发祥地。先秦时期，楚国人筚路蓝缕，纵横八百年，成就古代东方大国。

这里是历代英豪的聚集地。秦汉以后，王朝更替，兴废鼎革。绿林好汉、三国群英……荆楚大地风云际会。

这里是近现代革命的策源地。从武昌起义，到"八七"会议、黄麻起义……荆楚大地春潮澎湃，事事敢为天下先。

以铜为镜能正衣冠，以史为镜方知兴替。

踏上湖北精彩之旅，荆楚历史大事值得我们去追寻探究！

第一节 楚国八百年

周朝时,南迁的华夏族在荆山之地建立了楚国。在浩瀚的历史长河中,楚国先人用自己的勤劳与智慧创造出了灿烂的楚文化,一度成为春秋霸主。楚国经形成、发展与衰退三个阶段,历八百年。

熊绎受封

相传,楚人的先祖是火神祝融。楚国在发展中受到商朝的征伐,力量大大削弱,不得不臣服于商朝。商朝末年,楚国首领鬻熊找到了向商朝复仇的机会。他发现商朝的西方属国周在首领姬昌(即周文王)的领导下不断强大,于是投奔姬昌。相传鬻熊拥有从祖先那里世代相传的夜观天象的本领,因此姬昌将火师的重担委任于他。其后,鬻熊在武王伐纣过程中作出了突出贡献,鬻熊因而更加受到楚人尊敬。然而,周武王一举推翻商朝后,分封名单上并没有出现楚人。

直至周成王时期,楚人终于开始活跃于历史舞台。史书记载,周成王与他的叔父周公旦发生了误会,周公旦南下避祸于楚,楚人首领熊绎待之以上宾之礼。后来周公旦与成王和解,重理朝政。为了报答熊绎,周公旦建议周成王对熊绎予以封赏。周成王回顾祖先的创业史,出于感激,欣然授予楚人首领熊绎"子男"封号,并将楚人当时已占据的土地作为俸禄食田正式赏赐给熊绎,命其以丹阳(今湖北南漳县城附近)为国都。尽管只被封以诸侯之中最低一等的爵位,赏赐的土地也只有五十里,但这是楚国得到周王室正式承认的标志,这一天被楚人视为建国之日。

楚在受封立国之初,名虽为国,实则还是一个部落联盟,而且地处荆山,地僻民贫,因此地位卑微。当时,在熊绎的带领下,楚国人在荆山深处的丛林中,开垦荒山,辛勤耕作,度过了一段自力更生、艰苦奋斗的激情岁月。《左传》记载了楚灵王右尹子革对这段历史的回忆:"昔我先王熊绎,辟在荆山,筚路蓝缕,以处草莽。跋涉山林,以事天子。"从此,"筚路蓝缕"成为常用的成语,借以形容艰苦奋斗、自强不息的

楚王熊绎像

创业精神。也正是因这"筚路蓝缕"的精神融入了几代楚人的血脉,楚国得以由小到大、由弱至强,最终创造了八百年的辉煌。

熊渠拓疆

熊渠是熊绎的后代,他是一位既有才干又极富开拓精神的国君。

相传,熊渠胆略非凡、勇力过人,尤其擅长射箭。汉代《韩诗外传》记载,一天夜里,熊渠与卫士骑马外出,隐约发现路边草丛里蹲着一只猛虎,好像要向他扑来。熊渠立即弯弓搭箭,射向老虎。奇怪的是老虎仍然纹丝不动。卫士走近一看,原来卧着的不是老虎,而是一块巨石,但是熊渠的那支箭竟然已深深地插入石头里了。

熊渠之所以被视为传奇人物,事迹广为传颂,是因为他能用兵,会治国。在他的领导下,楚国转弱为强。当时,周夷王在位,朝政失修,国势不振,有的诸侯国开始不再朝贡,或者相互攻伐,周天子对此无能为力。此时,南方的楚国在熊渠的治理下发展迅速,周围的蛮夷部族陆续归附,楚国很快就壮大起来。周王朝的衰败,为熊渠实现他开疆拓土的理想创造了绝好的时机。

当时在楚国的周围分布着许多小国,它们环绕着楚国,如贸然开战,就会引起数国的联合,楚国必然寡不敌众。怎样才能避免小国联合反击呢?熊渠想到了一个策略,就是近交远攻。于是楚国与邻近的许多国家建立起亲密的外交同盟,而将开疆拓地的矛头指向稍远的众多小国。

首先进行的是西征庸国。庸国的国都是上庸（今湖北省竹山县西南），位于楚国西陲的大后方。通过精密的谋划，熊渠带领精兵出现在庸国境内，速战速决，打得庸人措手不及。伐庸之战是对庸国的警告，使得庸人再也不敢趁楚国对外用兵之机进行骚扰，解除了楚国的后顾之忧。

随后进行的是东征扬越。扬越是古时百越族的一支，在今湖北中部的江汉平原一带。熊渠沿汉江挥师而下，所向披靡，势不可当，一举到达了今当阳、江陵、荆门一带，最后几乎占据了整个广阔的江汉平原。

最后进行的是远征鄂国。鄂国位于湖北东部，都城设在今鄂州市。鄂国富产铜矿，而铜是先秦时期最重要的战略物资，为兵家所必争。鄂国一度与周王室关系密切，据青铜器铭文记载，周王室南征，鄂侯驭方献礼并宴请周王，周王赏赐给鄂侯驭方财物、弓矢、马匹。但在周王室日益走向没落的同时，鄂国在陆续的对外战争中逐渐强盛起来，并最终和周王室反目，带领南淮夷和东夷举兵反叛周王室。熊渠早已对鄂国丰富的铜矿资源艳羡不已，当他知道周王室的军队正在攻打鄂国时，他立即就有了一个大胆的想法，即挥师远征，趁火打劫。他的理由还很充分：尽臣子的本分，助周王室一臂之力。当楚军抵达鄂国时，鄂国的军队已经被周王室的军队击溃，哪里抵挡得住楚国虎狼之师？熊渠很快荡平鄂国，并获得其丰富的铜矿资源。

征服鄂国是熊渠对楚国发展作出的重大贡献之一，不仅为走出荆山拓展了空间，而且为整合长江流域各族进而形成一个强大的楚国做了最初的尝试。更重要的是储备了重要的战争物资,引入了铜的冶炼及铸造技术,加强了东西文化的交流,对楚文化的发展产生了深远的影响。

取得三场战役的胜利之后,楚国实力迅速增强,熊渠不再满足从属于周王室的地位,他想学西周王室,主宰已经被自己强势控制的地区。于是,豪情万丈、霸气横生的熊渠,公开地打出了与周王室分庭抗礼的旗号。

按照当时的礼制,唯有周天子才能称"王"。楚人先祖熊绎在周初受封时只获得了地位不高的"子男"封号,熊渠对此早就不满,现在终于可以扬眉吐气了。于是,他将三个儿子全都分封为王,让他们分别镇守长江中游的三处要地。

周夷王死后,继承王位的周厉王以暴政而闻名,敏锐的熊渠担心受到周朝的征伐,便主动撤销了分封令。

尽管迫于周王朝的压力,熊渠收回成命,但楚人的始举,在当时实在是一个惊人的信号。

熊通自立为王

熊通即楚武王,他是一位深孚众望的铁腕人物,也是一个雄心勃勃的盖世枭雄。他具有文韬武略,东征西讨,善于治国,给楚国留下了安宁的发展环境和一套初具规模的国家机器,

东湖风景区内熊通与夫人邓曼雕像

楚国由此而更加强盛。

公元前741年，楚厉王去世，熊通发动政变，杀死了楚厉王的儿子，自立为楚国国君。熊通以下犯上、弑君自立是大逆不道的。但从历史发展的角度来看，这场宫廷政变改写了楚国的历史。

熊通继位后，采取近交远攻的策略，先后与邓、卢两国议亲，娶邓女为正夫人，娶卢女为侧夫人，与两国缔结盟约。即位不到3年，熊通便挥师渡汉，远征南阳，攻打周朝设在汉北的重镇，但没有得手。于是，他转而攻打江汉平原西部并灭掉了权国。权国在今湖北当阳市东南，国土不广但国力却不弱。楚国从熊渠至熊坎都未能灭掉它，最后熊通实现了先君的心愿。

值得注意的不是熊通伐权的用兵方略，而是他灭权以后的决策。熊通灭权后，并没有沿用旧制，将权国封给自己的子孙，而是将权国故地改设为权县，作为楚国直接掌控的一级地方行政机构，其最高行政长官也不再实行世袭制度。他任命斗缗为权县首任县尹，但不久斗缗与权国的贵族遗民串通反叛。随后，熊通果断发兵包围权县，捕杀斗缗，并将权国遗民迁走。此后，楚人每灭一国，便把该国的贵族遗民迁到楚国的后方，严加监管，对该国的故地则设县统治，并委派楚国的公子王孙担任县公或县尹作为行政长官。

县的创制，以地域政治取代血缘政治，加强了君主专制和中央集权，削弱了世袭贵族的势力，推动了国家的强大和民族的融合，是一种符合历史潮流的进步现象。这一做法大大巩固了楚国在江汉间的统治地位。

此后20多年，熊通一方面利用楚国与周边国家和睦相处的有利形势，励精图治、增强实力；另一方面积极谨慎地向周围开拓，先后灭掉了州、蓼等国，并大力开辟南蛮之地，使国力大为增强。

公元前705年，楚国已扩地千里，在诸侯中占有举足轻重的地位。这年，熊通将进攻的矛头指向了汉东第一大国——随国。随国又称曾国，都城在今湖北随州市，拥有丰富的铜矿资源，是两周之际长江中游铜器铸造水平最高的一个诸侯国。

熊通清楚地知道楚国要称雄于南方，必须击败随国不可，但他攻打随国还有更深层次的用意。熊通认为，周王室当年分封给楚国的爵位太过卑微，根本不能与楚国眼下的实力相配，他迫切希望周王室"尊其号"，提高楚君爵位，进而提高他在诸侯中的地位。

经过谋划，他决定利用随国君王与周王室同为姬姓的特殊关系，通过武力威胁逼迫随国君王到周王室那里去说情，请求周天子为他晋升爵位。

公元前706年，随国粮食歉收，随人缺衣少食，熊通抓住这个机会，发动了蓄谋已久的对随战争。他亲自统率楚国精锐的车兵和步兵攻打随国。当楚国大军行进到离随都不远处时，熊通命令部队暂时驻扎下来，命其侄儿熊章入随都见随侯，逼迫随侯求和。随侯迫于楚国军事压力，命谋士少师随熊章到楚师驻地和谈。和谈中，熊通要求随国替楚国去要挟周天子，并说："今诸侯皆为叛相侵，或相杀。我有敝甲，欲以观中国之政，请王室尊吾号。"

随侯被迫向周天子进言，然而请求遭到周天子的拒绝。

随侯返国后，派使者前往楚国，当熊通听到自己的要求没有得到周天子的同意后，他大怒道："自楚立国以来，南方蛮夷无不归服，功劳这样显著，周天子却不给我加封，那我就自封为王！"

熊通自立为楚王，史称楚武王，公然与周王分庭抗礼。熊通此举开诸侯僭号称王之先河，而征伐大权早已旁落的周天子却别无办法，各诸侯国也是无可奈何，只能是望"楚"兴叹。

称王后不久，熊通又邀请诸侯到沈鹿（今钟祥市东）会盟。当时仅有黄、随两国的国君没有参加会盟。黄国离沈鹿较远，情有可原，但随国离沈鹿很近却缺席，熊通认为随侯拒不到会是藐视自己。于是，熊通在沈鹿会盟后兴师伐随。这一次随师大败，随侯被楚军俘获。但熊通并没有灭掉随国，而是让随侯在表示愿意悔改之后与其结盟。从此，随国再也不敢冒犯楚国，而楚国则完全确立了在汉东的霸主地位。

庄王称霸

楚庄王（？—前591年）是春秋时代楚穆王的儿子，春秋五霸之一。楚庄王在位期间，韬光养晦，励精图治，三年不鸣，一鸣惊人，带领楚国达到了繁荣昌盛的顶峰。

楚庄王即位之初，纵情享乐。登基三年，他没有发布过一条政令，在处理朝政方面没有任何作为，令朝廷百官都为楚国的前途担忧。

楚庄王甚至下令道：胆敢对他进行劝谏者皆为死罪。直到有一天，朝臣伍举忍无可忍，置生死于度外而觐见楚庄王。伍举进来后，楚庄王当面质问他："难道你没有听说过我曾经的规定吗？难不成是来求死的？"伍举道："我哪里敢劝谏您。只是听说了一个谜语，很长时间了也没有猜出来，人人都知道大王天生聪慧，想请大王给我点建议，就当是为大王助兴了。"楚庄王这才放心地说道："那你说说看。"伍举说："高山上有只奇怪的鸟，身披鲜艳的五彩羽毛，美丽而又荣耀，只是一停三年，不飞也不叫，人人猜不透，实在不知是只什么鸟？"

楚庄王听到了这些话，想了一会儿说："三年不飞，一飞冲天；三年不鸣，一鸣惊人。此非凡鸟，凡人莫知。"

伍举听到楚庄王的一番话后，明白了楚庄王心中自有分寸，因此他继续说道："大王如此轻松便可猜中，可见见识确实高人一等。只是大王可曾想过，此鸟不飞不鸣，如果猎人暗箭射来可怎么办呀！"楚庄王听后很受触动。

原来，楚庄王即位时十分年轻，朝中诸事尚不了解，也不知如何处置，况且当时若敖氏专权，他更不敢轻举妄动。无奈之中，才想出了这么个自污以自保的方法，静观其变。楚庄王虽三年不理朝政，但对天下之事却十分关心，对朝中大事及诸侯国的形势都了如指掌。楚庄王韬光养晦，即位的头三年里，他默默地考察着群臣的忠奸贤愚，他颁布劝谏者死的命令，也是为了鉴别哪些是甘冒杀身之险而正直敢言的耿介之士，哪些是只会阿谀奉承的小人。

三年过后，庄王羽翼渐丰，也该大展拳脚了。接受劝谏后，楚庄王决心改革政治，并陆续任命了一大批德才兼备的能人贤士，使楚国上下人心安定。从此，这只"三年不鸣"

的"大鸟"开始励精图治,争霸中原。

公元前611年,楚国遭遇自然灾害,西部有几个部落趁机发动叛乱。朝中大臣建议楚庄王迁都避敌,楚庄王却决定率军亲征。楚庄王一面诱敌深入,一面请秦国和巴人派兵从背后进攻叛军,一举将参与叛乱的庸国消灭。这时候楚庄王刚刚20岁,已显示出高超的政治智慧。

五年之后,即公元前606年,分布在伏牛山和熊耳山之间伊水流域的陆浑之戎(一支游牧部落),趁着诸侯割据、天下大乱之际开疆拓土,成为周天子的心头之患。精明的楚庄王打出了讨伐陆浑之戎的旗号,率领大军,直奔中原而去。这是楚庄王首次踏足中原。战胜戎部落之后,年轻气盛的楚庄王为了向中原各国和周天子展示自己强大的军事实力,竟带着军队来到了周天子都城前的洛河之滨,在那里举行了一次盛

楚庄王出征像(由中国图库提供)

大的阅兵仪式。周定王惊恐万分，立即派出大夫王孙满，以慰问之名一探虚实。

楚庄王在洛水之滨会见王孙满，语带讥讽地问道："象征着周王朝统治合法性的那九只巨鼎，到底多重？"言下之意是周王室现在是否还能维持天下之主的地位？王孙满回答道："因为九鼎体积太大，无法称量。"意思是说，王权天下独一无二，并非人臣的权力可以比拟。楚庄王告诉王孙满，只需要把楚国兵戟上的铜钩都折下来，就足够铸成九鼎。王孙满的回答后来成为史上最著名的言论之一："能否拥有天下的统治权，在德不在鼎。"

庄王如受当头棒喝，立刻冷静下来，他意识到以前过于注重威而忽视德，只有威德并重，才能广得天下之民，从而成就千秋伟业。于是，与王孙满道别之后，楚庄王欣然带着自己的千军万马，安静地离开周境而返回楚国。

其后，庄王任命隐士孙叔敖为令尹。孙叔敖上任后鼓励民众开垦荒地，开辟河道，灌溉农田。没几年工夫，楚国更加强大，还先后平定了郑国和陈国的两次内乱。

公元前597年，中原霸主晋国与楚国冲突加剧。楚庄王率领大军攻打晋国，双方在邲地（今河南郑州市东）进行了一次大战。晋国惨败于楚，人马死伤过半。在船少人多的情况下，由于兵士们抢着渡河，有不少兵士都被挤进河里活活淹死。有人劝楚庄王乘胜追击，斩草除根。楚庄王说："楚国自从城濮之战失败以来，一直抬不起头。这回打了这么大的胜仗，总算洗刷了以前的耻辱，何必还要杀那么多人呢？"说着，下令立即收兵。自此楚国在中原各国中树立了威德并重的良好形象，楚庄王自己也成了春秋五霸之一。

吴师入郢

郢都是楚国的国都，但在楚昭王在位期间，敌军居然攻进了楚国的国都，这是楚国万万没有想到的。

公元前506年，吴、蔡、唐三国组织了一个以吴国为核心的反楚同盟。吴国负责出兵攻打楚国，蔡国和唐国负责向其提供补给。当时，吴军以所能动用的最大兵力和所能达到的最快速度，在没有任何外交争执和边境冲突为先兆的情况下，突然发起进攻，三战三胜，并顺利越过了位于湖北、河南之间的大隧、直辕、冥厄三处险隘，一直深入到楚国腹地。

吴国国君阖闾本来计划挫败楚国锐气之后见好就收。但吴国大夫伍子胥却主张一举平定楚国。伍子胥的父亲伍奢，楚平王时曾为楚国太子太傅，因楚平王听信谗言而被处死，伍子胥之兄伍尚也因此而死于非命。伍子胥则逃离楚国来到吴国，并且为吴王阖闾重用。伍子胥劝谏吴王阖闾道："一个不会游泳的人落水后，只喝一口水还死不了，要连喝多口水才会呛死，现在应该让落水的人沉到水底去才对。"于是，吴王阖闾决定与楚国进行决战，直指郢都。

公元前506年，吴、楚两国部队在柏举（在今湖北麻城一带）展开激战。吴王阖闾亲自挂帅，以孙武、伍子胥为大将，阖闾的胞弟夫概为先锋，倾全国三万水陆之师，直逼楚境。当时楚军统帅子常为人奸诈，不讲仁义，楚军将领没有拼死一战的决心。面对来势汹汹的敌军，子常的部队一触即溃、阵势大乱，吴王则全力出击，大败楚军。

楚军主力遭受重创后向西溃逃，吴军紧追不舍。此后，吴军势如破竹，乘胜追击，五战五捷，一直打到了楚国的都城郢都（今湖北荆州）。

柏举之战后的第九天，楚昭王一家逃出郢都避难。次日，吴师攻破郢都。吴人按照尊卑顺序，分别住进楚王的宫室和王亲贵族的府第。吴军进入郢都后，伍子胥为了报仇，甚至还鞭打楚平王的尸体，砸碎了象征楚王王权的九龙之钟。楚人有强烈的怀旧、念祖、爱国、忠君传统，吴师的行为越残暴，楚人的抵抗就越猛烈，民众对吴王极为仇恨，吴王甚至难以在郢都睡上一个安稳觉。当时，楚人群起与吴军斗争，口号是"各致其死，却吴兵，复楚地"。同时，楚国令尹子西也四处招募士兵，组建正规军队，以图向吴军发起反击。

吴军的暴行虽然激起了楚国民众的公愤和反击，但元气大伤的楚军仍然不是吴军的对手，真正扭转战局的是楚国大夫申包胥请来秦国军队作为援兵。

申包胥和伍子胥曾是好友，相传伍子胥在逃离楚国时曾对申包胥说："我一定要倾覆楚国。"申包胥则说："我教你报仇，这是不忠；教你不报仇，又陷你于不孝。你以后若是危害楚国，我也不会坐视不理。你能灭楚，我必能存楚。"郢都沦陷后，申包胥托人带口信给伍子胥，对伍子胥鞭平王之尸的行为加以谴责。随后，申包胥只身跑到秦国去请援兵。

申包胥对秦哀公说："吴国是头野猪，是条长蛇，它屡次损害中原列国，最早遭到侵害的是楚国。我们国君守不住自己的国家，流落在荒草野林之中，派遣臣下前来告急求救。

我们国君说：'吴国人的贪心是无法满足的，要是吴国成为您的邻国，那就会对您的边界造成危害。趁吴国人还没有把楚国消灭，您还是去夺取一部分楚国的土地吧。假若我们楚国就这样倾覆了，其余一部分便是君王的土地。如果凭借君王的威力来安抚楚国，楚国将世世代代侍奉君王。'"秦哀公不为所动，只说："寡人知道了，

伍子胥像

你暂且住进客馆休息，我考虑好了再来给你答复。"说完，秦哀公拂袖而去。申包胥不肯离开，于是就靠着墙壁号啕大哭，日夜不停。他连哭七天，不吃一口饭，不喝一口水，秦哀公终于被申包胥的忠肝义胆所打动，答应出兵救楚。

公元前 505 年夏末，秦国出兵救援楚国。与此同时，散而复聚的楚军在军祥（今湖北随州市西南）与吴师展开战斗并取得胜利。秦师纵横于方城内外，楚师出没于汉水南北，楚人则支援秦师和楚师，导致吴师穷于应付、接连败退。是年秋，楚秦合力击退吴国的盟军。9 月，夫概见吴军大势已去，便匆匆率部回国，自立为吴王。吴王阖闾见前方大势已去，后方又有大患，随即命全军撤回吴国。

公元前 505 年，楚昭王回到了郢都。郢都在吴军铁蹄的蹂躏之下已经残破不堪、满目疮痍。于是昭王做出了迁都的决定。后来，楚人在今天的江陵一带建起了新的都城，即今天为

人所熟知的纪南城，但楚人仍称之为郢都，以示不忘其旧。

楚国从吴师入郢这次濒于危亡的大难中吸取了教训，楚昭王、楚惠王两代国君更加励精图治，使楚国实现了快速复苏，国力渐盛，以强国姿态进入战国时代。

楚故都纪南城——楚纪南城保护标志

吴起变法

当历史的车轮进入战国时代，赵、魏、韩三家崛起，楚国向北发展屡屡受挫，同时楚国国内大臣专权，封君众多，奢靡之风日益滋长，可谓内忧外患接踵而至。国外形势严峻、国内社会矛盾尖锐的现实情况迫使楚悼王不得不寻找出路以摆脱困境。值此内外交困之际，楚悼王重用主张进行变法革新的改革家吴起，大力推行变法革新，在楚国贵族中产生了强烈的反响。

吴起（？—前381），战国初期卫国人，早先至鲁国学习儒家思想，后又改学兵法。公元前410年，齐国进攻鲁国，鲁穆公任用吴起为将，大败齐军，初步显示了吴起在军事上的才能。但鲁穆公听信谗言，不信任吴起，吴起只好来到魏国。吴起兼采儒、兵、法各家，他认为为政之道，应"内修文德，外治武备"。在魏国期间，吴起在内做到"治百官，亲万民，实府库"，对外使秦不敢东向，韩、赵"宾从"（《史记·孙子吴起列传》）。但魏武侯即位后，吴起受到大臣王错的排挤，只好离开魏国，来到楚国。

吴起像

由于吴起在魏国政绩卓著，军功赫赫，所以一到楚国，就受到楚悼王的重用。他先被任命为宛（今河南南阳）守，防御韩、魏两国，一年以后，晋升为令尹，掌管朝政，主持变法。

吴起变法的主要内容有四点：

一是削弱贵族特权。吴起认为"大臣太重，封君太众"是楚国存在的主要问题。他们对上威逼君主，对下欺凌百姓，导致国贫兵弱。因此，吴起改革爵禄制度，削减大臣的封爵，收回封君三代以后的爵位和俸禄，废除世袭制度。同时，吴起根据楚国地广人稀的特点，把旧贵族及所属部众迁到地广人稀的边疆，以促进边远地区的开发。

二是健全法制。吴起总结了李悝在魏国变法的经验，他深知法治的重要性，故在变法中制定了一系列法令，公布于众。为树立法治权威，吴起还下令禁止纵横家进行游说，有效推动了法令的实施。

三是整顿吏治。吴起大力整治权门请托之风、廓清吏治，并要求官吏公私分明、言行端正，不计较个人得失，立志为变法和国家效力。同时，他大力裁减冗官，选贤任能。

四是以经济强军。在变法中，吴起推行耕战并重、亦兵亦农的政策。禁止丁民游手好闲，奖励"耕战之士"，鼓励从事农业生产，从而保证生产发展。同时，他还缩减了百官和封君子孙的俸禄，以扩充军备、提高士兵待遇。

吴起推行变法后，富国强兵的效果显著。楚国向北方伐魏救赵，收复了被三晋占领的陈国、蔡国故地，将势力扩展到黄河岸边。向南平定百越，疆域拓伸至江南，占有洞庭、苍梧之地，当时的楚国"兵震天下，威服诸侯"。

然而历史总会留有遗憾。正当变法顺利进行时，公元前381年，楚悼王不幸病逝。早就对吴起变法怀有仇恨的旧贵族势力趁机发动叛乱，杀死了吴起。吴起变法宣告失败。

吴起变法持续时间不到五年，变法的成果并未完全得以巩固，随着楚悼王与吴起的相继离世，楚国历史上这场轰轰烈烈的改革运动也随之夭折。但较之商鞅变法，吴起变法早了30多年，它在推动楚国贵族政治向官僚政治转化的过程中发挥了积极作用。

怀王滞秦

楚怀王熊槐（前328—前299年在位）是战国时期楚国国君。楚怀王继位以后，取得了极大的功绩，他曾向北讨伐魏国并夺取城池和土地，也曾向东灭亡越国并将国境拓展到江东地区。公元前318年，他甚至组织起七国联军向西伐强秦，楚国因此一度成为当时中国最强盛的国家。但在其执政中期，楚怀王误信秦相张仪，撕毁齐楚盟约，致使国土沦陷，自己也成了秦国的阶下囚，最后落得客死异国的下场，楚国也从鼎盛走向了衰亡。

公元前313年前后，秦国、齐国和楚国三强鼎立，秦国准备进攻齐国，但这时齐楚结盟，关系非常密切。于是秦惠文王与著名的纵横家张仪商量对策。张仪前往楚国游说，以献商於之地六百里为条件，要楚怀王与齐国绝交，重修秦楚之好。张仪对楚怀王说，这是"一石三鸟"的好计，既可以削弱齐国，又让秦国欠下人情，更可得到战略位置极其重要的商於之地。

楚怀王竟对张仪的话深信不疑，群臣也无不庆贺，唯独客卿陈轸不贺，他说："秦国这么看重大王，是因为你和齐国关系良好。现在没有得到土地却先和齐国绝交，那么楚国便陷于孤立之境，那时秦国怎会看重你？如果先把地要过来，再与齐国绝交，秦国则肯定不允。如果先绝齐后索地，必然会被张仪欺骗。大王受了欺骗肯定恼火，难免和秦国闹僵，这样秦国和齐国的兵锋都要朝向楚国了。"可是怀王不听谏言，满口答应了张仪的要求。

楚怀王一边派人到齐宣布断交，一边派人随张仪到秦国接收土地。快到咸阳时，张仪假装醉酒，从车上摔落下来。使者多次求见，均被告之相国病重，无法办理国事。一晃3个月即将过去，楚国使者心急如焚，只好向秦王上书求见，秦惠文王一听，故作惊讶道："可是还没有听说齐楚绝交呀！"

接到使者的报告，楚怀王得地心切，于是派人入齐痛骂齐王。齐国大怒，不仅立即宣布与楚断绝外交关系，而且派人到秦国，与秦结成了共同伐楚的联盟。张仪见楚国进了圈套，立即宣见楚国使者说："我的封地六里将马上割让给楚国。"楚国使者一听十分疑惑："不是说六百里地吗？怎么只有六里地呀！"张仪反唇相讥："秦国的每一寸土地，都是秦国将士浴血疆场打下的，我怎么能够擅自做主？我说的只是我自己的六里封地！"

楚国使者知道上当，赶紧返回楚国向怀王复命。楚怀王得知此事后，羞愤难当，立即兴兵伐秦。

随后，秦楚两军在丹阳开战。据《战国策》记载，楚军主帅为屈匄，副将是逢侯丑。秦军主将是庶长魏章，副帅是秦惠文王的异母兄弟樗里疾。楚军复仇心切，主动进攻，秦兵则以逸待劳，变守为攻。楚军战败，包括屈匄在内的近70余名将领成了秦国的俘虏。秦国乘胜追击，还占领了楚国的汉中郡。

战败消息传来，楚怀王不听大臣们的苦苦劝阻，试图举全国之力反攻秦国。秦军见楚军来势凶猛，没有与之硬拼，而是主动后退，采取诱敌深入的策略，将楚军主力引诱到了距秦国国都咸阳约50公里左右的蓝田。这里距离楚国国都已经有1000多公里，后勤补给极其困难，秦军见楚军已是强弩之末，便联络臣服于己的韩、魏两国进军楚国的南阳盆地东部，一直逼近汉水，实施后方骚扰，再发起总攻。楚国腹背受敌，两面受难，只能传令撤兵，向秦国割地求和。一场由张仪导演的大戏，以楚国的失败、秦国的全面胜利告终。楚怀王不仅上当受骗，没有得到秦国事先许诺的六百里商於之地，反而丢失了汉中的大片国土，楚国由此走向衰落。

公元前299年，秦国国君昭襄王写信给楚怀王，相约在武关会盟结好。面对这样的一封邀约，楚怀王一时难以做出决定。如果去，恐遭遇不测；如果不去，又怕因此而得罪秦国，令两国的关系雪上加霜。屈原等贤臣力劝楚怀王不要赴约，但是楚怀王的一个儿子却主张楚怀王应该赴约，与秦建立起同盟关系。楚怀王听信了儿子的话，去了秦国武关。

但是，秦王根本就没有前往武关，而是派自己的弟弟冒充自己率兵到了武关。楚怀王一到武关，就落入了秦国设计好的圈套，被当作俘虏押送至咸阳。至此，楚怀王才知道再次上当受骗，但是为时已晚。

秦昭襄王不仅不以对等的礼节会见楚怀王，而且要怀王以藩臣之礼拜见自己，作为回国的条件，要求怀王割让巫郡、黔中郡两地给秦国。怀王对于秦国的无理要求明确拒绝。秦王恼羞成怒，索性将怀王羁押于秦。

楚怀王宁愿成为秦国的阶下囚，也不出卖自己的国土，他虽然多次受骗误国，但在这件事情上，却得到了楚国人民的同情和尊重。

当怀王被拘的消息传回楚国后，楚国上下义愤填膺，但面对强大的秦国却是无计可施。"国不可一日无主"。为了粉碎秦国拘王索地的阴谋，也为了确保怀王不因此受到秦国的伤害，楚国人从齐国迎回了充当人质的太子横，将他拥立为楚王，后世称之为楚顷襄王。

楚怀王最终也没有被楚国赎回，他曾试图逃离，但秦军阻断了他逃往楚国的道路，而其他的国家又无人敢收留他，最终他还是被秦军抓回。公元前296年，归国无望的楚怀王在秦国抑郁而终。

楚怀王死后，秦国将他的灵柩送回楚国。楚国举国哀痛，《史记·楚世家》记载："楚人皆怜之，如悲亲戚。诸侯由是不直秦。"

楚怀王缺乏领袖才能，又听不进贤臣的逆耳忠言，受骗误国，令人扼腕长叹。从此楚国一蹶不振，完全丧失了主动进攻能力。楚怀王死后不到20年，秦军攻占郢都，楚顷襄王迁都于淮阳，后又迁都到安徽寿春。公元前223年，立国800多年的楚国终被秦所灭。

第二节 往事越千年

楚国灭亡后,湖北地区先后处于秦、汉、隋、唐、宋、元、明、清等王朝的统治之下,虽然王朝更替、历尽沧桑,但荆楚儿女始终励精图治、自强不息。从绿林好汉揭竿而起,到刘秀起兵中兴汉室;从隆中对的提出,到赤壁之战、火烧连营后的三国鼎立;从宋元襄阳之争,到明清时期的"天下四聚"……荆楚大地上,风云际会,在秦朝以后的2000余年历史长河中留下了光辉的印记。

绿林起义

绿林起义是新莽末年的农民大起义。西汉末年,政治日益黑暗腐败,土地兼并剧烈,百姓丧失土地,饱受剥削。尖锐的社会矛盾及严重的社会危机使得西汉政权摇摇欲坠。此时,身为外戚的大司马王莽乘机篡夺了朝政,自称皇帝,改国号为"新"。王莽为缓和日益尖锐的社会矛盾,进行了复古"改制"。但繁苛的法令,繁重的徭役、赋税,加上连年灾荒,官吏横征暴敛,使民众遭受更深重的苦难。

公元17年,长江中游的荆州地区出现了严重的饥荒灾害,百姓纷纷逃离家园,到野泽山林中挖草根、掘野菜以求活命。后来,人们竟时常为一根草、一棵菜而争斗。新市(今湖北京山东北）人王匡和王凤因经常出面调解矛盾而逐渐受到农民的拥戴。随后，数百饥饿的农民推举王匡、王凤为首领，举行起义。他们藏身于绿林山内，不久，起义队伍发展到七八千人，历史上著名的"绿林军"就此形成。

公元21年，王莽派荆州牧率两万官兵围剿绿林军，绿林军奋起抵抗，大获全胜，缴获了大批军需物资。随后绿林军又乘胜攻占了竟陵（今湖北天门）、安陆（今湖北安陆）等几个县城，打开监狱，放出犯人，把官仓的粮食分发给饥饿的穷人。一时间，绿林军军威大振，受苦百姓纷纷投奔绿林军，队伍很快发展到五万余人。

公元22年，绿林山一带发生瘟疫，缺医少药的绿林军病死过半。为躲避瘟疫和官兵围剿，绿林军开始分散转移。一部分由王匡、王凤率领，北上南阳，称"新市兵"；一部分由王常、成丹率领，西入南郡（今湖北江陵），称"下江兵"。此时，平林（今湖北安陆北）人陈牧、廖湛聚合数千名百姓起义，号称"平林兵"。这样，绿林军由一支变成了三支，各占一块地盘，队伍也逐渐壮大起来。

平林兵进攻南阳时，破落贵族刘玄投奔而来，陈牧封其为安集掾之职。与此同时，刘玄的同族刘縯、刘秀兄弟也在南阳起事，与绿林军一同作战，绿林起义队伍发展到十余万人。

在这种情况下，建立统一的领导机构和名正言顺的政权就成为首要问题。公元23年，起义军中混杂进来的豪强地主们，推举汉宗室刘玄为帝，恢复汉朝，改年号为"更始"。刘玄当了皇帝，封王匡、王凤为上公，王匡为比阳王，王凤为宜城王，刘縯为大司马，陈牧为阴平王，廖湛为穰王，刘秀为太常偏将军。

与此同时，东方的一支起义军逐渐壮大，与南方起义军遥相呼应。其首领樊崇以泰山为基地，在青州和徐州之间活动。樊崇的起义军为了在战斗中区分敌友，将眉毛画成红色，故称"赤眉军"，后来也发展到十万之众。

绿林、赤眉两支起义大军分别在南方和东方揭竿而起的消息一经传开，全国各地便迅速发展起大大小小起义军几十路，王莽政权摇摇欲坠。在之后的昆阳（今河南叶县）之战中，王莽的主要力量损失殆尽。公元23年，绿林军乘胜追击，攻破长安，推翻了王莽暴政，王莽也因此而丧命。

绿林起义彻底推翻了王莽的残暴统治，建立了不可磨灭的丰功伟绩。但是，由于地主豪强的参与和破坏，绿林军最终还是瓦解了。刘玄为巩固自己的地位，首先杀害了陈牧、成丹。王匡、廖湛得知消息后率兵归顺赤眉军。公元25年，赤眉军攻入长安，刘玄投降，更始政权结束。同年，刘秀称帝，是为汉光武帝。后来，刘秀先后消灭了绿林军和赤眉军，建立了东汉王朝。

三顾茅庐

三顾茅庐是东汉末年刘备三请诸葛亮出山辅佐的故事。

官渡大战后，曹操打败了刘备。刘备只得投靠刘表。刘备听徐庶和司马徽推荐，得知在襄阳隆中有一"卧龙先生"——诸葛亮，他才华横溢、谋略非凡，可以辅佐自己成就大事。

求贤若渴的刘备在关羽和张飞的陪伴下前往卧龙岗,拜访诸葛亮。没想到诸葛亮一早便已出门。书童难以确定诸葛亮的去处和归期,关羽和张飞两兄弟也劝刘备先行离去,日后再做打算,刘备只好怅然离去。

几天后,前往隆中打听的人得到消息称卧龙先生已返回隆中。刘备激动不已,立即准备出发。张飞说:"一个山野村夫,兄长何必亲自去呢?我派人把他叫来得了。"刘备斥责道:"胡说,卧龙先生乃当世奇才,岂能随便召唤。"说完,刘备即刻出门,关、张二人自然只能跟随前往。当时正值隆冬,漫天大雪。三兄弟冒着大雪来到隆中。刘备轻轻敲门,门内回话说先生正在读书。刘备进屋至中门,只见一少年正在读书,一问才知他是诸葛亮的弟弟诸葛均,而诸葛亮与朋友相约外出游历了。诸葛均告诉刘备说:"家兄往来无定,不知去所。"刘备久等不见,只好留下一封信,以表敬慕之心,并告知诸葛均改日再来拜访。

三顾茅庐手卷　清·苏六朋

冬去春来，刘备挑了个黄道吉日，准备再次拜访诸葛亮。这次，关羽和张飞都十分不满。关羽道："哥哥两次亲往，礼节已至。想必诸葛亮虚有其名，故意避而不见。"刘备说道："齐桓公前往五次才能见东郭野人一面，况且我想见的是位大贤呢？"三人来到隆中，已经是中午，为了表示敬意，刘备在离诸葛亮的草堂还有半里路时就下马步行。刘备走到门前，刚一敲门，书童便出门说，先生正在草堂午睡。刘备吩咐大家不要惊扰诸葛亮，随即不顾路途疲劳，在门外静候。等了许久，仍不见诸葛亮醒来，张飞大怒道："这厮太傲慢了，待我去屋后放一把火，看他起不起来！"关羽急忙拉住张飞。

足足等了两三个时辰之后，刘、关、张三兄弟终于见到了诸葛亮。刘备连忙行礼说："久慕先生大名，三次拜访，今日如愿，实乃平生之大幸。"诸葛亮说："蒙将军不弃，三顾茅庐，真叫我过意不去。亮年幼不才，恐怕要让将军失望了。"刘备却诚恳地说："我不度德量力，想为天下伸张正义，振兴汉室。由于智术短浅，时至今日，未能如愿，望先生多多指

教。"刘备态度谦虚、情意诚恳,诸葛亮深受感动,于是推心置腹地向刘备分析了天下形势,阐述了自己的主张。他说:"曹操占有天时,孙权据有地利,将军拿下西川据得人和,可与曹、孙形成三足鼎立的态势。"

听着诸葛亮的分析,刘备心中豁然开朗。他赶忙起身施礼,恳请诸葛亮同他一起下山,辅佐他成就功业。

诸葛亮被刘备的殷殷之情所打动,离开隆中,出任刘备的军师。此后,他鞠躬尽瘁,死而后已,忠心辅佐刘备和刘禅。

如今,襄阳市古隆中景区已成为中外游客观光的胜地。"三顾堂"前,那副"两表酬三顾,一对足千秋"的对联总能引起人们的感慨之情。

古隆中秋色

赤壁之战

赤壁之战，是孙权、刘备联军和曹操所率军队在赤壁进行的一次大战，此役过后，三足鼎立的局面基本形成。孙刘联军在数量和实力上都处于弱势，最终却打败了强大的曹军，成为三国时期三大战役中最为著名的一场。

208年，20万大军在曹操的带领下奔荆州而来。就在这紧要关头，荆州刺史刘表于8月间暴病身亡，其次子刘琮懦弱无能，被曹操的兵威吓破了胆，慌忙派人求降。刘备得知曹操南下，措手不及，在向南退守的过程中，又被曹操打败，只好退到夏口（今湖北武昌），与刘表的长子刘琦合兵一处。

得知曹操南征、刘表病死之后，孙权派鲁肃以吊丧之名前去查探情况。鲁肃抵达江陵时，刘琮已投降了曹操。鲁肃当机立断，立即向刘备说明联合抗曹的意向。处于困境的刘备欣然接受了这个建议，并派诸葛亮随鲁肃前去拜见孙权。

诸葛亮见到孙权，为了解除孙权的顾虑，分析了敌我形势。诸葛亮说，刘备的军队虽然兵败，但尚有水陆兵力两万余人。曹操兵马虽多，但长途跋涉，如同强弩之末。他还指出曹军多是北方人，不习水战。荆州的水军降曹，是形势所迫，并非真心效力。只要孙刘联合，同心协力，必能打败曹军，最终形成三足鼎立之势。

诸葛亮的精辟分析，不仅使孙权心悦诚服，精神振奋，也有力地批驳了主降派的种种谬论，得到了主战派的支持，坚定了孙权的信心。

随后，孙权在鲁肃的建议下召回周瑜商讨用兵之计。周瑜的主张和孙权、鲁肃、诸葛亮完全一致。周瑜针对张昭等人的主降观点，从当时的政治、军事形势出发，有理有据地驳斥说："曹操表面上打着汉朝的旗号，实际上心怀不轨。孙将军雄才大略，占据江东数千里之地，兵精粮足，英雄之士乐于报效，应当为汉室除奸。"

周瑜指出，曹操虽然统一了北方，但后方并不安定，关西的马超、韩遂是曹操的后患。况且曹操舍弃鞍马，依仗舟船，和东吴较量，这不是中原人的长处。现在天寒地冻，军马没有草料，士兵不服水土，必然发生疾病，这是用兵的忌

赤壁摩崖石刻

讳，正是打败曹军的好时机。周瑜主动请兵，进驻夏口，抗击曹操。

周瑜的一席话，使在场的人都受到极大鼓舞，也激励了孙权。孙权调拨3万精兵，任命周瑜、程普为左右都督，鲁肃为赞军校尉，率军与刘备会师，共同抗击曹操。

208年10月，曹操率军自江陵顺流而下，战船千里，旌旗蔽空，声势十分浩大。曹操认为自己在军事上占绝对优势，打败孙权不成问题。可是不出诸葛亮和周瑜所料，曹军初到南方，不服水土，很多士兵生了病，加之不习水战，因此与孙刘联军在赤壁刚一接触，便打了败仗，锐气大挫。

曹操为克服军队不适应水战的弱点，下令把战船用铁索首尾相连，上面铺上木板，以解决船只摇晃的问题。曹操的连环船被周瑜的老将黄盖看在眼里，黄盖敏锐地洞察到连环船存在的缺陷，便向周瑜建议："曹军实力强大，我军根本没有实力与敌长久对峙。但曹操的船队首尾相连，可以采用火攻的战术，把敌人消灭。"

周瑜采纳了黄盖的建议，一方面积极准备实施火攻，另一方面让黄盖出面写了一封假的投降信，并约定投降日期，以麻痹曹操。一切做好准备之后，只要东南风一起，就可以实施火攻了。

万事俱备，只欠东风。历史充满惊人的偶然性，而往往就是这些偶然性，改变了历史的进程。隆冬季节，一般多刮北风，可是到了冬至那天，天气突然转暖，东南风劲吹，江水咆哮，浊浪滔天，周瑜等将领见此情景，激动万分。江东将士个个摩拳擦掌，人人精神振奋，决战时刻终于到来。

时至夜晚,黄盖率领十几艘艨艟斗舰,里面装满灌了油的干柴枯草,还有大量硫黄烟硝之类的引火之物,外面围着幡布,插上青龙牙旗,乘风破浪,向曹军水寨疾驰而去。黄盖高举火炬,看见距曹营已不远,便让将士大声呐喊:"黄盖前来投降了!"

曹军被黄盖的诈降所迷惑,正当曹军将士兴高采烈之时,黄盖指挥各舰同时燃起火来,迅速向曹操的船舰冲去。风助火势,火借风威,火烈风猛,霎时,曹军船舰烈焰冲天,那些战船一时间无法分开,曹操水寨化为一片火海,甚至曹军在岸上的营寨也着了火。

周瑜见对岸起火,知道黄盖已经得手,立即发布命令,令孙刘联军分水陆两路乘胜进击。曹军兵败如山倒,被杀得

赤壁之战(赤壁市旅游委供图)

丢盔弃甲，人仰马翻，死伤无数。曹操带领残兵败将，狼狈退回北方。

赤壁一战，曹军元气大伤，其势力局限于北方，再也无力南下，孙权在江南的地位得到了进一步巩固，刘备也趁机获取了立足之地，势力日益壮大，三国鼎立的局势就此形成。

夷陵之战

夷陵之战发生于三国时的蜀国和吴国之间，是积极防御战的经典案例，也是三国三大战役的最后一场。

在赤壁战役后，孙权出于战略需要而将军事要地荆州交由刘备统治。不久，益州和汉中也被刘备占领，三国鼎立的局面在此基础上逐渐形成。

211年，孙权占据交州，势力进一步扩大；而曹操正忙着稳定后方，无暇南顾。孙权趁机向刘备索还荆州，但刘备却拒绝归还。吴、蜀两国关系不断恶化。219年，驻守荆州的蜀将关羽率兵攻取襄阳、樊城。孙权则趁关羽后方空虚之际，派遣军队袭击关羽后方。关羽仓促带兵回救，兵败麦城被杀。孙权顺势攻取了整个荆州。

221年，刘备称帝。同年7月，刘备亲自率领蜀汉大军，发动了对东吴的大规模战争。刘备派大将吴班、冯习为先锋，攻取峡口，在巫地（今湖北巴东）打败吴军将领李异、刘阿部，夺取了秭归，又派大将黄权驻守长江北岸，派马良去武陵争取当地部落首领沙摩柯的支持。

面对蜀汉大军压境，孙权没有退缩，奋起应战。东吴大军在大都督陆逊的率领下，前往应敌。同时东吴为避免腹背受敌，与曹魏修好。陆逊上任后，正确分析形势，避开蜀汉大军锐气，果断后撤到夷道（今湖北宜都）、猇亭一带。然后在那里转入防御，占领有利地势，集中兵力伺机决战。

222年，蜀汉大军攻入夷陵地区，驻兵长江两岸。刘备亲自率主力抵达猇亭，安营扎寨。此时，蜀汉大军已经深入吴国境内，而吴军坚守要地不出。为了迫使陆逊出战，刘备派人围攻夷道。善于用兵的陆逊力排众议，坚守不救。两军相持6个月，刘备为了速战速决，多次派人阵前挑战，但陆逊都不予理睬，蜀军将士逐渐丧失斗志。天气炎热，刘备无奈把军营移到深山中依溪水屯兵休整。蜀汉大军深入敌境，后勤保障困难，而且刘备在扎营时，兵力部署又十分分散，从而给陆逊以可乘之机。

陆逊见到蜀军士气不振，先派出小部军队试探性地进行进攻。此次进攻虽然没有成效，却使陆逊想到用火攻破敌的办法。222年6月的一天，夷陵地区刮起大风，陆逊立即召集东吴将士，令他们连夜突袭，点火烧营。当时江南正是炎夏季节，气候闷热，由于蜀军的营寨都是由木栅筑成，周围又全是树林、茅草，呼呼的大风助着火势，很快便烧毁蜀军40多个大营。

刘备和蜀将正在营中酣睡，忽被冲天火光惊醒，赶紧起身整理人马，但士兵们早被大火烧得分不清东南西北了。蜀军乱了阵脚，被打得落花流水，人仰马翻。刘备见全线崩溃，只有逃往夷陵西北马鞍山，命蜀军环山据险自卫。但陆逊不给他喘息机会，集中各路人马，四面围攻，又歼灭蜀军数万人。最后，蜀军溃不成军，车、船和其他军用物资丧失殆尽。刘备趁夜突围，几乎被擒，幸得众将拼死保护，才狼狈不堪地逃回白帝城。次年3月，刘备恼羞于夷陵惨败，一病不起。

夷陵之战中，陆逊正确分析形势，果断后撤诱敌，伺机反攻，集中兵力，借用火攻，终以五万兵力击败十万蜀军。这一战体现了陆逊杰出的军事才能和高超的指挥能力。而刘备的失败也非偶然。他一怒发兵，自恃兵力强大，深入冒进。指挥作战时，他不考察地形，把部队引入崎岖山道中，而敌军反攻时，又没有及时调整作战部署，最终导致失败。

襄阳之战

金庸的武侠小说《神雕侠侣》中讲述了蒙古大军攻打襄阳，郭靖夫妇顽强抵抗的故事，最后城破之际，郭靖夫妇双双殉难，令无数读者扼腕叹息。实际上，这场保卫战并非杜撰，其历史原型正是中国历史上宋元王朝更迭的关键一战——襄阳之战。

襄阳城和樊城互为依存，"跨连荆豫，控扼南北"，地势十分险要，自古以来为兵家必争之地，也是南宋抵抗蒙古军队的边陲重镇。咸淳三年（1267年），将领刘整建议忽必烈以率先进攻襄阳作为灭亡南宋的策略。

忽必烈按照他的策略，首先对襄阳进行围困，蒙古军队首先建立了陆上据点作为进攻宋朝的基地。1261年，忽必烈遣使以玉带贿赂南宋荆湖制置使吕文德，请求在襄阳城外置榷场，吕文德应允。蒙古使者又以防止盗贼、保护货物为名，要求在襄阳外围筑造土墙,目光短浅的吕文德竟然也同意了。于是蒙军在襄阳东南的鹿门山修筑土墙,内建堡垒,形成了包围襄阳的第一个据点。

咸淳三年(1267年)秋天,蒙将阿术率领部队进军襄阳,大获全胜,然而,宋军却在蒙古班师回营的途中,在襄阳西面的安阳滩地区派水军设伏,再由骑兵冲入蒙古部队横冲直撞。安阳滩之战,蒙军水战偏弱的特点暴露无遗。

咸淳四年(1268年),阿术在襄阳东南鹿门堡和东北白河城修筑堡垒,切断了援襄宋军之路。咸淳六年(1270年),蒙将史天泽在襄阳西部的万山堡筑长围,又在南面的岘山、虎头山筑城,连接诸堡,完全切断了襄阳与外界的联系。同年,忽必烈命刘整"造战船,习水军",以图进取襄阳。刘整于是造船5000艘,日夜操练水军,又得到四川行省所造战舰500艘,建立起一支颇具规模的水军,弥补了自身劣势,为战略进攻准备了必要条件,并完成了对襄阳的包围。

南宋朝廷为挽救危局,进行了反包围战与援襄之战。吕文焕于咸淳三年(1267年)冬天走马上任。次年11月,吕文焕命襄阳守军对蒙军展开了激烈的进攻,试图打破鹿门、白河被围困的局面,但最终以宋军的惨败告终。咸淳五年(1269年)3月,宋将张世杰率军与包围樊城的蒙军作战,又被阿术打败。同年7月,前来驰援的夏贵也在虎尾洲遭到伏击,损失惨重。咸淳六年(1270年)春,吕文焕出兵襄阳,对万山堡的蒙军进行进攻,由于蒙军诱敌深入、宋军士气衰退,这场战役再次以宋军大败而告终。陆战接连失利,水战也未能取胜,这年9月,宋将范文虎率水军增援襄阳,却以

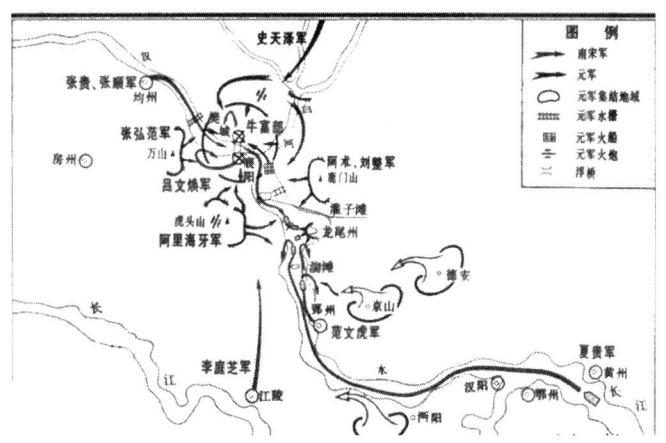

襄阳之战作战经过示意图（引用解放军出版社《中国古代经典战争战例》附图十二）

被蒙军水陆两军打击后仓皇逃脱而告终。

此后，范文虎于咸淳七年（1271年）再次援襄，同样以失败而告终，这一时期，虽然宋军在襄阳城外从未放弃争夺，但蒙军对襄阳的包围却是早已形成，南宋对襄阳的援助最终都以失败告终，并且襄阳城中的宋军也难以取得胜利，宋军只好困守襄阳，败局已定。

咸淳八年（1272年）春，元军对樊城发动总攻。阿术等人带领蒙军进攻樊城，冲破城墙，形成了更小的包围圈，宋军不得不局限于内城进行最后的坚守。4月，京湖制置大使李庭芝招募襄阳府等地民兵3000余人，派总管张顺、路分钤辖张贵率队支援襄阳城。二人率轻舟百艘、士卒3000余人及大批物资出发，临行前张顺激励士卒说："这次救援襄阳的行动，任务十分艰巨，每个人都要有必死的决心和斗志，你们当中的有些人如果并非出于自愿，那就赶快离去，不要影响这次救援大事。"然而没有一人临阵退缩。救援战斗开始，二张在高头港集结船队，把船连成方阵，每只船都装备精良，张贵在前，张顺在后，突入蒙军重围。船队到达磨洪滩，被布满江面的蒙军船舰阻挡，无法通过。张贵率军强攻，将士一鼓作气，先用强弩射向敌舰，然后用大斧短兵相接，冲破重重封锁，元军死者不计其数，宋军胜利抵达襄阳城中。当时襄阳被困已有5年之久，二张入援成功，极大地鼓舞了城中军民的斗志。可是，总管张顺在这次战斗中不幸阵亡，几天以后，襄阳军民打捞起他的遗体时他仍然怒目圆睁。

张贵入援虽然给襄阳守军带来希望，但在元军严密封锁下，形势仍然严峻。张贵联络郢州的殿帅范文虎，约定南北夹击，打通襄阳外围交通线，计划由范文虎率精兵5000人驻龙尾洲接应，张贵率军和范文虎会师。张贵辞别吕文焕后率领部队3000余人顺汉水而下，但发现少了一名因犯军令而被鞭笞的亲兵，张贵察觉到计划很可能已经外泄，只有迅速出击，敌人或许还来不及得到消息。他们果断地改变了行动计划，连夜放炮开船，杀出了重围。元军得到张贵突围的消息后迅速封锁江面，张贵费了九牛二虎之力才得以接近龙尾洲，却发现原来元军早已占领了龙尾洲，以逸待劳。宋军因极其疲惫，战斗中伤亡过大，张贵力不能支，被元军俘获，不屈被害。元军派4名南宋降卒抬着张贵的尸体返回襄阳城中，企图诱降吕文焕。吕文焕将二张合葬，并立双庙祭祀。

咸淳八年（1272年）秋，元军为尽快攻下襄阳，采取了分割围攻战术。元将阿里海牙认为："襄阳之有樊城，犹齿之有唇也。宜先攻樊城，樊城下则襄阳可不攻而得。"为切断对襄阳的援助，元军对樊城发起总攻。咸淳九年（1273年）初，元军分别从东北、西南方向进攻樊城，忽必烈又派遣炮匠至前线，造炮攻城。元军烧毁了樊城与襄阳之间的江上浮桥，使襄阳城中援兵无法救援。刘整率战舰抵达樊城下，用炮火打开樊城西南角，进入城内。南宋守将牛富率军巷战，终因寡不敌众，投火殉职，樊城陷落。

樊城的陷落使襄阳城危在旦夕。襄阳城中军民，陷入既无力固守，又没有援兵的绝境。咸淳九年（1273年）2月，阿里海牙由樊城攻打襄阳，炮轰襄阳城楼，城中军民人心动摇，将领纷纷出城投降。元军在攻城的同时，又劝吕文焕投降，吕文焕感到孤立无援，遂举城投降元朝，襄阳战役宣告结束。

元军攻占了襄阳，由此打开了南宋的大门。1279年，南宋残部被元军消灭，南宋灭亡。

"天下四聚"——汉口崛起

"天下四聚"是清朝时对国内最重要的四个商业中心城市的流行说法，它们是华北的北京、华南的佛山、华东的苏州和华中的汉口。

汉口因地处汉江之口而得名。汉口在"四大名镇"中最晚形成，只有500余年历史，然而发展却最快。明初汉口一带还是无

汉口码头

人居住的芦苇荒滩。到了明宪宗成化年间，汉水改道，主河道移至龟山之北，原来的汉阳自此形成南、北两岸，南岸一侧仍称"汉阳"，北岸一侧则称之为"汉口"。此时，汉口终于迎来了人们盖房定居。

嘉靖年间，汉口的人口不断增加，已有城镇居民区"坊"的出现，先后建起居仁、由义、循礼、大智四坊。随后汉口正式设镇，并设置汉口巡检司对市镇进行管理，这标志着汉口镇的形成和初具规模。

依九省通衢之便利，万历年间，湖广地区的漕粮均在汉口交兑，同时，运销湖广的淮盐也以汉口为转运口岸。大批漕粮与淮盐的转运，以及随之而来的商人集中、物资集散、贸易频繁，使汉口的商业、交通运输业、金融业迅速发展。到崇祯末年，汉口已经一跃为"九州名镇"，成为"商船四集，货物纷华，风景颇称繁庶"的新的贸易中心。

明末清初，由于战乱，汉口镇一度陷入萧条。到了康乾盛世时期，汉口镇又迅速复苏，并繁盛起来，真正成为商业巨镇。据考证，当时的汉口镇人口达到20多万，超过武昌、汉阳而称雄于华中商贸界。汉口既聚集各路商帮，又中转各种货物，商品流通的范围几乎遍及全国，可谓舟船如织，货物山积，商贾如云，一派"十里帆樯依市立，万家灯火彻夜明"的繁华景象。"天下四聚"之说，也在这一时期盛行。《广阳杂记》云："天下有四聚，北则京师，南则佛山，东则苏州，西则汉口。然东海之滨，苏州而外，更有芜湖、扬州、江宁、杭州以分其势，西则唯汉口耳。"

此外，《皇朝经世文编》中还记载道："汉口镇为湖北冲要之地，商贾毕集，帆樯满江，南方一大都会也。""楚北汉口一镇，尤通省市价之所视为消长，而人心之所因为动静者也。户口二十余万，五方杂处，百艺俱全，人类不一，日销米谷不下数千。所幸地当孔道，云贵川陕粤西湖南，处处相通，本省湖河，帆樯相属。查该镇盐、当、米、木、花布、药材六行最大，各省会馆亦多，商有商总，客有客长，皆能经理各行各省之事。"可见当时的汉口是一个繁华的商业城市，在"天下四聚"中具有重要地位。

第三节　近现代风云

翻开近代湖北历史，从鸦片战争中林则徐武汉禁烟，到洋务运动中张之洞兴办军工实业，从武昌起义拉开辛亥革命的大幕，到"八七"会议发布武装斗争的宣言；从黄麻起义建立红色政权，到刘邓大军跃进大别山吹响进军全国号角……荆楚大地春潮澎湃，风起云涌，事事敢为天下先。

林则徐武汉禁烟

林则徐（1785—1850）在广东"虎门销烟"的事迹广为人知，但林则徐的禁烟行动始于武汉却鲜为人知。

1837年，林则徐出任湖广总督。当时，鸦片泛滥已经成为一个严重的社会问题，到1838年左右，输入中国的鸦片已增至4万余箱。并且鸦片贸易多是走私，在鸦片战争爆发前20年，西方各国通过鸦片贸易至少从中国掠走白银数百万两。对于吸食者而言，吸食鸦片

林则徐像

很容易上瘾，一经上瘾又很难戒除，时间长了会使人变得精神萎靡、骨瘦如柴，无法从事体力劳动，最终导致收支失衡、家庭破裂，进而引发一系列的社会问题。

1838年6月，鸿胪寺卿黄爵滋上书道光皇帝，痛陈烟毒之害，道光帝下令命各省督抚讨论黄爵滋的奏折。林则徐研读了黄爵滋的奏折后，坚决支持禁烟，并写下了著名的《筹议严禁鸦片章程折》。

林则徐对禁烟立场鲜明、态度坚决，在朝廷讨论禁烟时便会同治下的湖北巡抚张岳崧、湖南巡抚陈宝箴，首先在以武汉为中心的两湖地区开始禁烟。林则徐在武昌、汉口、汉阳、长沙等地专设禁烟局，查办烟贩、封闭烟馆、收缴烟具烟膏，同时还积极研制戒烟药品，供烟民解除毒瘾。

林则徐发起的武汉禁烟运动，很快取得显著成果。此间，仅在烟贩朱运升的货船上就收缴烟土1200余两、烟膏800余两。随后汉阳又查获烟土烟膏万余两"暂贮藩库"。一时间，汉阳成为禁烟禁毒的先进地区。汉口、武昌后来居上，两地禁烟局在邱第祥栈房查获烟土2070两；在余万顺楼房内查获烟贩范永隆、钟亚长烟土共1970两；在烟贩傅桂芳处查获烟土500两，在已潜逃的烟贩邹阿三、冯奉金、樊益隆留下的皮箱、木箱、夹层床内搜出烟土共5120两。慑于禁烟禁毒的强大声势，烟贩和吸食者纷纷投案自首，仅邵锦璋一人就交出烟土2000余两。后来查获和烟贩自行交出的烟土累计达12000余两。

1838年10月27日，林则徐带湖北巡抚、布政使张岳崧亲自督阵，在武昌阅马场将收缴的烟膏烟枪集中捣碎焚烧，然后倒入大江。武汉市民纷纷围观,烈焰起时,欢声震天。《纸园笔记》记载当时"武昌汉阳所缴出烟土及搜获烟枪斗之具堆聚如山,付之一炬",观者无不称快。不少吸食鸦片者戒烟断瘾后,"颜面发胖,筋力复强","并有庶民妇女在路边叩头致谢"。

一时间,武汉及两湖地区风清气正,秩序井然,社会生产有了显著改善。然而,林则徐禁烟虽取得显著成效,朝廷却仍对是否禁烟犹豫不决,迟迟不动,林则徐便再次上奏道光帝,情真意切地力陈道:若再任鸦片泛滥,数十年后中原再无可御敌之兵,且无可充饷之银。道光帝为之所感所惊,召林则徐入京。1838年11月27日,林则徐从武汉启程进京。入京后,道光帝先后八次召见了林则徐,遂下令禁烟,并任命林则徐赴广东禁烟。次年,虎门燃起销烟之火,掀开了近代中国反对外国侵略的斗争画卷。

汉口开埠

漫步汉口沿江大道中段,一座座欧式建筑映入眼帘,这便是近代历史上英、德、俄、法、日等国租界的遗存,是汉口的"国中之国"。

第二次鸦片战争战败后,清政府与英、法等国签订屈辱的《天津条约》,增开的通商口岸中就有汉口,但汉口正式开埠则是在1861年。

1861年3月7日,英国官员威利斯及上海宝顺洋行行主韦伯等十余人,乘英国火轮船驶抵汉口,会见湖广总督,自称由上海来汉,查看地势,立行通商。这次立行通商揭开了汉口开埠的序幕。3月21日,英国海军提督贺布、参赞巴夏礼与汉阳知府签订《英国汉口租地原约》,划定租界界址。

1924年的汉口租界

4月27日,上海英领事署宣布"汉口、九江辟为商埠,设置领事"。不久,英国首任驻汉领事金执尔抵汉,设置领事馆,汉口正式开埠通商。

汉口开埠后,在今江汉路江汉关至黄浦路范围内,由西南向东北建立起了租界,先后有12个国家在这里设立领事馆,英、德、俄、法、日五国在此划定了租界。当时,汉口外国的洋行商号主要从事进出口贸易,他们在武汉收购土特产、原料和半成品输往国外,又从西方各国进口洋货,并通过汉口向中国内地各省份倾销。西方列强还在武汉兴建了20多个出口商品加工厂,在汉口沿江一线修建码头和港区仓库,使汉口的商贸活动扩展至沿江一线,将汉口变为中国内陆通往上海进行对外贸易的最大中转中心。

凭借九省通衢的地理区位优势,汉口迅速成为长江沿岸对外通商的主要口岸之一,同时也成为我国内地最大的工商业中心。20世纪初叶,汉口的对外贸易总额始终占全国外贸总额的十分之一左右,稳居全国第二位,成为当时唯一可与沿海几大通商口岸匹敌的内地口岸。

不可否认，汉口开埠是由于战争和屈辱的不平等条约，但汉口开埠彻底地改变了城市性质，使汉口逐渐从以农业文明为基础的封闭型市镇，转化为外向型通商港口，从以农产品集散加工为主的内地工商业市镇，转向半殖民地半封建的近代都市。

近代工业崛起

近代武汉不仅是重要的交通枢纽和商贸重镇，也是中国近代工业发祥地之一。洋务运动时期，清朝湖广总督张之洞在汉兴办军工实业，推动湖北近代工业迅速繁荣，成绩斐然。

张之洞作为中国近代工业的奠基人，其大办近代工业始于广州而兴于武汉。1889年，张之洞在督粤期间认真总结中法战争的教训，积极在广州筹建枪炮、炼铁、纺织等厂。此时，清廷调他担任湖广总督。由于接任的两广总督对办厂不感兴趣，经过清廷的批准，这些工厂便随张之洞迁建到武汉。

汉阳铁厂

从 1889 年至 1906 年，张之洞在武汉期间，主要兴办了湖北枪炮厂、汉阳铁厂和织布、纺纱、缫丝、制麻四官局。

钢铁是军工强国的基础。张之洞在武汉兴办的规模最大的工厂当属汉阳铁厂。该厂于 1891 年 1 月动工建造，厂址设在汉阳龟山脚下。1893 年冬，汉阳铁厂及其各分厂陆续建成，包括生铁厂、熟铁厂、贝色麻钢厂、西门子钢厂、轧钢厂、铁货厂 6 个大厂，以及机器、铸铁、打铁、鱼片加工、钩针、打铜、翻砂、木模、锅炉 9 个小厂。1894 年 5 月，铁厂投产出铁，日产 50 余吨，多时可达 60～70 吨；炼钢炉也开始出钢，各厂机器均开始运转生产。至 1895 年 10 月中旬，全厂共生产铁 5660 余吨、钢 1390 余吨。然而由于甲午中日战争中国失败，清政府要赔款 2 亿两白银，汉阳铁厂只好招商承办，寻找出路。1896 年 4 月 11 日，铁厂正式改为官督商办，交由盛宣怀承办。1908 年 3 月，盛宣怀在对铁厂进行整顿扩建的基础上，又将汉阳铁厂、大冶铁矿和萍乡煤矿联合起来，组成汉冶萍煤铁厂矿公司，改官督商办为商办，汉阳铁厂随之进入发展高峰期。在辛亥革命前夕，汉阳铁厂年产钢已达 7 万吨，拥有工人约 3000 余人；大冶铁矿年产铁矿石 50 万吨，拥有工人 1000 余人；萍乡煤矿年产煤 60 万吨，拥有工人 3000 余人。汉冶萍煤铁厂矿公司在当时不仅是全中国规模最大的钢铁联合企业，而且在远东乃至全世界也是数一数二的大企业，比日本 1941 年兴办的八幡制铁所规模要大得多。

开办汉阳铁厂的同时，张之洞也在着手建立国人自己的兵工厂——湖北枪炮厂。1890 年，他选定汉阳龟山北麓为厂址，派专人督工监造，除在广东订购机器设备外，又制造和

湖北兵工厂正门

添购了不少新机器,开办经费计70余万两库平银,常年经费达50万两库平银左右,1890—1897年间,实用库平银共210余万两。从1894年开始投产至1907年的十余年间,共造步马枪11万余支、枪弹4000万余发、炮985尊、炮弹98万余发,其产品七九步枪被称为"汉阳造",为军工产品名牌。一直到抗日战争时期,中国士兵还在使用"汉阳造"。其后,湖北枪炮厂先后改名为"湖北兵工厂"和"汉阳兵工厂"。

纺织工业是张之洞在武汉兴办的第三大近代工业。在旧中国,个体手工经营的棉、麻、丝纺织业历史悠久。但是近代以来,传统纺织业受到西方国家倾销而至的物美价廉的洋纱、洋布的强烈冲击,国内纺织工业市场萎缩,前途堪忧。为挽救民族工业,同时补充国库财政所需,张之洞在武汉兴建了织布、纺纱、缫丝、制麻四官局。

首先成立的是湖北织布官局,厂址在武昌文昌门外,1891年1月1日开工建厂,1893年1月正式投产。当时,全局拥有布机1000台,纱锭30000枚,工人2500名,并聘用外国技师做技术指导。1893—1901年间,织布官局共生产原色布330916匹、斜纹布11785匹、棉纱135702担。织布官局投产后,所出纱布产销两旺,供不应求,每年都有盈余。随后,张之洞又采取官商合办或官督商办的办法兴建了湖北纺纱官局、湖北缫丝官局、湖北制麻官局,由此构成了比较完整的近代纺织工业体系。

除此之外,张之洞还在武汉地区先后兴办造纸、制钉、制砖等近十个中小型近代工业作为三大工业的卫星群。与此同时,他还全面推行城市建设、交通建设、文化教育建设等一系列"湖北新政",促使近代武汉地区出现一派生气蓬勃的景象。

武昌起义

1911年10月10日,武昌爆发了一起震惊中外的大事件。一批名不见经传的新军士兵,在孙中山领导的革命运动的影响下,揭竿而起,打响了锋芒直指清王朝的起义第一枪,拉开了辛亥革命的大幕。这便是著名的武昌起义,也称"辛亥首义"或"武昌首义"。

1840年鸦片战争以后,中国沦为半殖民地半封建社会,帝国主义同中华民族的矛盾日益加剧,腐败的清朝统治者对外妥协投降、对内横征暴敛,促使阶级矛盾空前激化。各地人民群众奋起反抗,革命斗争风起云涌。在孙中山的领导和影响下,大批爱国志士因振兴家国的理想而聚集,他们组织各种革命团体,

辛亥革命武昌起义军政府旧址

传播革命思想，兴起进步潮流，不断开展武装起义，虽然起义屡遭失败，但都起到了宣传革命、振奋人心的作用，有力地推动了革命大势的形成。

1904年7月，武昌出现了第一个革命团体——科学补习所，随后又陆续成立了日知会、文学社、共进会等组织。革命党人深入新军开展宣传，发展革命组织。通过长期艰苦的工作，革命党人逐渐控制了新军的领导权，到起义前夕，新军中三分之一的士兵都加入了革命队伍，这些士兵在武昌起义中发挥着支柱性作用。1911年4月，广州黄花岗起义失败后，同盟会领导人决定把革命的主要阵地转移到长江流域。同年5月，武汉新军中的一大部分士兵被调去镇压声势浩大的四川保路运动，武汉的防御力量薄弱，这为武昌起义提供了绝佳的条件。

1911年9月24日，文学社与共进会在武昌举行联席会议，明确了起义的领导机构即临时总司令部，任命文学社领袖蒋翊武为临时总司令、共进会领袖孙武为参谋长。会议原定10月6日（当天是中秋节）起义，后因准备不足，决定将起义日期推迟10天。

10月9日，孙武等人在汉口俄租界宝善里赶制炸弹时不慎引发爆炸，引来了俄国巡捕的干预，起义文件、印信、旗帜等重要机密物件被搜走，并转给了清朝地方政府湖广总督署。蒋翊武得知此消息，立即召开紧急会议，决定于当晚发动起义。但这道命令还没有传达到基层，清政府就已将起义总部及其他机关破坏。当晚，起义领袖彭楚藩等三人被捕并惨遭杀害，其余革命党人也随时都有被捕的危险。湖广总督瑞澂命令紧闭城门,搜捕革命党人,革命形势异常严峻。

在这紧急关头,新军中的革命党人决心奋起反抗。10日晚7时许,武昌城内新军工程第八营革命党的总代表熊秉坤领导该营打响了辛亥革命的第一枪。他率部占领楚望台军械局后,许多邻近兵营的革命党人也率部奔赴楚望台,楚望台顿时成为起义部队的大本营。为了加强指挥,大家推举工程八营左队队官吴兆麟为临时总指挥,熊秉坤为副总指挥。当晚10点,吴兆麟下令进攻湖广总督署,革命军分三路向湖广总督署发起猛攻。经过一夜的激战,起义军终于在黎明前攻下总督署,并于当天攻占武昌全城。10月11日晚至12日凌晨,革命军先后占领了一江之隔的汉阳和汉口,武汉三镇完全掌握在革命军手中。湖北革命党人经过多年的不懈努力,终于迎来了武昌起义的胜利。

武昌起义攻克湖广总督府,占领武汉,消灭清军大批有生力量,在中国腹地打开一个缺口,成为对清王朝发动总攻的突破口,并在全国燃起了革命的烈火。武昌起义胜利后,湖南、陕西、江西等省纷纷宣布独立。1912年1月1日,孙中山在南京就任中华民国临时政府大总统。同年2月12日,清帝溥仪退位,中国结束了清王朝的封建统治和两千余年的封建帝制。辛亥革命给封建专制制度以致命的一击,推动了历史的进程,这也是武昌起义的伟大功绩。

武昌起义纪念雕像

武汉共产主义小组成立

武昌户部巷附近的民主路和长江大桥武昌引桥下的黄鹤楼南路总是车水马龙,但鲜有人知晓这里曾发生过惊天动地的故事。90多年前,民主路97号,也就是当年的抚院街97号,是董必武、张国恩的寓所,武汉共产主义小组就在这里诞生;黄鹤楼南路上曾有家"刘芬律师事务所",是武汉共产主义小组的办公机关。

陈潭秋

五四运动以来,马克思主义得到一定的传播,一批先进的知识分子逐渐成为早期的马克思主义者。1919年8月,董必武、陈潭秋等在武昌开办了私立武汉中学,并通过这个阵地向工农子弟宣传马克思主义,开展革命活动。

1920年8月,上海成立了中国第一个共产主义小组,担负起联络各地筹备成立共产主义小组,进而筹建中国共产党的伟大使命。拥有良好革命条件的武汉,成为工作重心所在。湖北鄂城人刘伯垂(又名刘芬)在上海由陈独秀介绍入党,成为湖北的第一个中共党员。随后,刘伯垂受陈独秀的委托回到武汉,联络接受共产主义思想的知识分子,开展建党工作。之后,刘伯垂在武汉与董必武等人取得联系,共同讨论建党的相关事宜。

1920年10月,武汉共产主义小组在武昌抚院街97号宣布成立,在刘伯垂的主持下,董必武、陈潭秋、包惠僧、张国恩、郑凯卿、赵子健参加了会议。会上，刘伯垂介绍了上海共产主义小组的成立经过，然后传阅了一份他从上海带回来的《中国共产党党纲草案》。刘伯垂从上海带来的还有几本介绍社会主义和俄国十月革命的小册子，这些通俗读物就是会议上的学习内容。会议决定了党小组的组织生活要"每星期开会一次"，"每次会议要作报告，或读书报告或国内外时事报告"，并推选确定小组负责人是包惠僧和陈潭秋，一个是书记，一个负责组织工作。为了避免引起注意，会议决定租用武昌多公祠5号作为共产主义小组的活动机关，门前挂起"刘芬律师事务所"的牌子，以作掩护。

武汉共产主义小组成立后，把学习传播马克思主义作为一项重要任务，不久就组建了马克思主义研究会，作为公开的活动团体，小组成员在武汉中学、武昌高师、省立一师和

私立武汉中学校旧址

省立女师等学校组织进步学生参加研究会,宣传马克思主义。

与此同时,陈独秀、李汉俊等在上海组织成立了社会主义青年团,董必武与陈潭秋随即在武汉中学建立起武昌社会主义青年团,作为先进青年的组织和党组织的预备学校。11月7日,俄国十月革命纪念日那天,由董必武、陈潭秋、包惠僧、刘伯垂、李书渠等发起,在武汉中学召开了武昌社会主义青年团第一次会议。董必武在会上做了热情洋溢的演说。

为了扩大组织力量,武汉共产主义小组先后发展了失业工人赵子俊,进步教员刘子通、黄负生入党。同时,武汉共产主义小组积极组织工人运动,包惠僧提出了"通过劳工教育、劳工组合、劳工俱乐部来提高工人的觉悟"的主张。随后,武汉共产主义小组在纱厂、烟厂、兵工厂等开办了"平民夜校"和"识字班",在工人阶级中广泛传播马克思主义。从此,武汉地区的革命活动逐渐变得活跃。

到1921年,全国已有6个共产主义小组,这为中国共产党的成立提供了重要条件。当年7月,董必武、陈潭秋作为武汉代表赴上海参加中共一大,中国共产党诞生了。董必武和陈潭秋返回武汉后建立了武汉地方委员会,武汉从此有了中国共产党的正式组织。

"二七"大罢工

在武汉解放大道二七路车站旁边有一座不起眼的青瓦房,大门左侧刻有"京汉铁路总工会旧址"字样,这里就是著名的"二七"大罢工总指挥部。

1923年2月1日，京汉铁路工人总工会成立大会在河南郑州举行。中共中央对这次大会非常重视，派出张国焘、陈潭秋、罗章龙、包惠僧、林育南等人出席大会。然而，成立大会遭到军阀吴佩孚的阻拦和破坏，他派出大批荷枪实弹的军警在郑州全城戒严，以图阻止工会成立。军阀的行为激起了与会代表的愤怒，他们不畏生死，冲破军警的重重包围，冲进会场，宣布京汉铁路总工会正式成立。"京汉铁路总工会万岁""劳动阶级胜利万岁"等口号响彻整个会场。大会召开不久，全副武装的军警包围了会场，并捣毁总工会和郑州分会会所，驱赶代表。于是，京汉铁路总工会执委会于当晚秘密召开会议，决定将总工会临时总办公处转移到汉口，并决定自2月4日起举行京汉铁路全体总罢工。当晚，总工会负责人与武汉代表乘车南下汉口，紧锣密鼓地展开了罢工筹备工作。

2月4日，随着京汉铁路总工会江岸分会委员长、共产党员林祥谦一声令下，火车司机黄正兴在江岸机车修理厂拉响了铁路工人总罢工的第一声汽笛。紧接着，郑州、长辛店等地铁路工人积极响应，客车、货车、军车一律停驶，全长1200多公里的京汉铁路就此瘫痪。总工会发表特别紧急启事与总罢工宣言，向全国人民揭露吴佩孚破坏总工会成立大会的罪行，从赔偿损

林祥谦

京汉铁路总工会旧址

失、维护工人权益等方面提出了五项要求。

在党组织和总工会的领导下，罢工活动有秩序地进行。罢工工人向旅客散发传单，说明工人的自由权被摧残，不得已而罢工，取得旅客的同情和支持。各地工人分会还成立了纠察队、调查队和演讲队等组织，分工协作，维持罢工秩序。

京汉铁路工人大罢工引起了帝国主义和反动军阀的恐慌。吴佩孚在帝国主义支持下，决心用武力镇压大罢工。2月5日，吴佩孚急电湖北督军肖耀南，命令其对罢工实行"武力制止"。当天，肖耀南派汉黄镇守使署参谋长张厚生率军警到江岸强迫工人开车，并威胁工会交出京汉铁路总工会与江岸分会负责人杨德甫、林祥谦、罗海澄、朱兰田、张濂光五人。同时，军阀调集军队大肆搜捕罢工工人。但军警的刺刀并没有吓倒罢工工人，工人们仍然坚持斗争。

2月7日，吴佩孚痛下毒手。肖耀南以调解工潮为借口将工会代表诱骗到江岸工会会所，却在途中进行残忍捕杀，赤手空拳的工人纠察队当场被打死40多人、打伤200多人，共产党员林祥谦等70余人被捕，这就是震惊中外的"二七"惨案。惨案中，反动军警将林祥谦等人押到江岸车站，捆绑在站台的电线杆上，用大刀逼迫林祥谦下令复工。林祥谦高呼："我的头可断，工是不能上的！"为了工人阶级的利益，林祥谦宁死不屈，英勇就义。在武昌，共产党员、武汉工团联合法律顾问施洋也在敌人的法庭上慷慨陈词，视死如归，最终英勇就义。

惨案发生后，中国共产党即刻发表《为吴佩孚惨杀京汉铁路工人告工人阶级与国民书》，号召全国人民团结起来，为自由而奋斗。尽管反动军阀到处抓捕工人，用恐怖手段强迫工人复工，但工人们坚持斗争，在没有得到总工会复工命令前决不复工。直到2月9日，为了减少不必要的损失，为将来的斗争做准备，京汉铁路总工会决定结束罢工，劝告广大工人暂时忍痛复工。在这场斗争中，京汉铁路各地工人死50余人，伤数百人，被捕和被迫流亡的有1000余人。

"二七"大罢工是中国共产党领导的第一次工人运动高潮的顶点，可歌可泣的革命先辈用鲜血和生命谱写了中国工人运动史上光辉灿烂的一页。这次大罢工显示了中国工人阶级的强大力量，扩大了中国共产党在全国的影响。它虽然失败了，但工人用生命和鲜血进一步唤醒了中国人民，使他们更清醒地认识到帝国主义和封建军阀是中国各族人民不共戴天的敌人，必须与之斗争到底。

汀泗桥和贺胜桥战役

国民革命军在北伐途中于湖北咸宁的汀泗桥、贺胜桥与直系军阀吴佩孚展开了一场激烈的战斗，在中国近代史上书写下浓墨重彩的一页。

  1926年，国民革命军于广州誓师北伐之初，其军事力量与吴佩孚、张作霖、孙传芳三大军阀相比，处于明显的敌强我弱的态势。据此，北伐军采取了先打吴佩孚、再打孙传芳的战略部署。于是，国民革命军入湘作战，攻克湖南以后便迅速形成挺进湖北、直逼武汉的态势。为了打开通往武汉的

汀泗军魂　吴涛摄

道路，肃清湖北境内的军阀，国民革命军分几路向武汉进逼，其中共产党人叶挺率领的独立团所在的国民革命军第四军，从湖南进入湖北后，从蒲圻（今湖北赤壁市）的中伙铺、官塘驿一带一直追敌至咸宁汀泗桥与敌人展开了激战，史称"汀泗桥战役"。

汀泗桥镇是当时粤汉铁路线上的一个小镇，位于武昌以南约60公里，地势险要，易守难攻，东、西、北三面环水，东面山岭筑有坚固的工事，素有天险之称，是由湖南进入湖北武汉的第一道门户。为此，吴佩孚在汀泗桥集中约两万兵力，企图依托汀泗桥的险要地形和坚固工事，阻止北伐军向北挺进。

8月23日，国民革命军组成三路大军对吴佩孚重兵把守的汀泗桥地区展开猛烈的进攻。其中，第四军于24日从通城出发，25日占领中伙铺车站，控制粤汉铁路。第七军、第八军集结在附近予以策应。26日凌晨，各部向汀泗桥敌军发起进攻。但由于敌军凭借天险死守待援，战斗进行得异常激烈，从清晨一直激战到傍晚，并未取得实质性的进展。北伐军连续冲锋十多次，伤亡重大。此时，吴佩孚南下援军将至，军情紧迫。

危急时刻，指挥部把担任预备队的叶挺独立团调了上来。叶挺冷静地观察战场形势，发现正面硬攻很难奏效，只有侧翼包抄、攻敌后背方可取胜。在夜幕的掩护下，叶挺率领独立团经由当地一农民带路，悄悄接近敌人阵地后方的古塘角，发起突然进攻。突袭令敌军猝不及防，吴佩孚连呼："怎么可能？怎么可能？"与此同时，第四军、第七军也发起进攻。

遭受腹背夹击的直系部队兵败如山倒,纷纷后退。8月27日,北伐军终于拿下汀泗桥。此次战斗中歼敌千余人,俘获敌军官157人、士兵2296人,缴获大炮4门、机枪9挺、步枪1600支。

汀泗桥战役后,叶挺独立团向贺胜桥乘胜追击。吴佩孚亲自率军主力赶赴贺胜桥迎战。8月29日,国民革命军第四军、第七军向贺胜桥发起攻击,叶挺独立团在杨林塘突破吴军主阵地防线,其他各部迅速扩大战果击溃吴军,于30日占领贺胜桥。至此,通向武汉的大门被彻底打开。

北伐军在汀泗桥、贺胜桥战役中,冲锋陷阵,英勇无畏,以少胜多,重创强敌,挫败了吴佩孚的嚣张气焰,壮大了北伐军的声威。第四军特别是叶挺所率领的独立团作为两场战役的主力,英勇杀敌、屡立奇功,为独立团赢得了"铁军"称号。团长叶挺也因此被誉为"北伐名将"。

"八七"会议

第一次国共合作破裂之后,大批共产党员和革命群众惨遭屠杀,中国革命到了生死存亡的关键时刻。1927年8月7日,中共中央在湖北汉口举行紧急会议,批判陈独秀的右倾投降主义错误,讨论了土地革命和武装斗争等问题。毛泽东就是在这次会议上第一次明确提出"枪杆子里面出政权"的著名论断。具有转折性意义的土地革命战争也就此逐渐兴起。这就是著名的"八七"会议。

"八七"会议会址,位于汉口鄱阳街139号。这是一幢

20世纪20年代初建造的三层西式公寓,门前有邓小平所题"八七会议会址"几个金色大字。

"八七"会议是我党历史上一次十分重要且不同寻常的会议。中国共产党自1921年成立到召开"八七"会议期间曾开会1200余次,然而,"八七"会议却是唯一一次在具有历史转折意义的生死存亡之际、在白色恐怖笼罩的险境中,在短短一天的时间内,解决重大问题,挽救党、挽救革命的重要会议。

1927年7月,邓小平、瞿秋白与李维汉一起,在汉口秘密筹备召开紧急会议以挽救革命。他们把紧急会议的地址选在汉口俄租界三教街41号。这里是苏联援华农业顾问洛卓莫夫夫妇的住宅。这幢房屋宅前临僻静街道,后门通小巷,屋

"八七"会议会址　唐白桦摄

顶凉台与邻居凉台相连，如遇紧急情况方便撤离。

由于当时白色恐怖异常严重，交通不便，时间紧迫，所以参加这次会议的只有瞿秋白、李维汉、毛泽东、张太雷、邓中夏、任弼时、苏兆征、罗亦农、陈乔年、蔡和森、邓小平等21人。

会议开始后，李维汉宣布了会议的三项议程：一是由共产国际代表罗明纳兹作报告，二是由瞿秋白代表常委做党的将来工作方针的报告，三是改选临时中央政治局。

大会发言中，毛泽东从国共合作时党没有坚持政治上的独立性、党中央不倾听下级和群众意见、抑制农民革命、放弃军事和政权领导四个方面批评陈独秀的右倾错误。他在发言中还提出了两个非常重要的问题，一是军事斗争问题。他批评过去"不做军事运动专做民众运动"的偏向，提出"以后要非常注意军事，须知政权是由枪杆子中取得的"。二是农民土地问题。他提出要根本取消地主所有制，这一建议符合湘鄂粤赣一带的土地占有情况，为日后开展土地革命奠定了认识上的基础。

会议选举了新的临时中央政治局：政治局委员为苏兆征、向忠发、瞿秋白、罗亦农、顾顺章、王荷波、李维汉、彭湃、任弼时；候补委员为邓中夏、周恩来、毛泽东、彭公达、张太雷、张国焘、李立三。

8月9日，临时中央政治局第一次会议选举瞿秋白、李维汉、苏兆征为政治局常委，确定由瞿秋白主持中央工作。

"八七"会议结束了陈独秀右倾机会主义路线在党内的领导地位，确立了土地革命和武装反抗国民党反动派的总方针，成为由大革命失败到土地革命战争兴起的历史转变的标志，使党在革命中前进了一大步。

黄麻起义

"小小黄安，人人好汉。铜锣一响，四十八万。男将打仗，女将送饭。"

每当唱起这首革命歌谣，就仿佛回到了1927年的红安。人民群众在党的领导下，发动了著名的"黄麻起义"，数万民众揭竿而起。

党的"八七"会议后，中共湖北黄安县委和麻城县委为贯彻"八七"会议关于武装起义的总方针和"秋收暴动计划"，从1927年9月下旬起发动农民打击土豪劣绅、没收地主财产，进行秋收起义。但由于缺乏足够的思想准备和武装起义的经

黄麻起义和鄂豫皖苏区纪念园

验，再加上国民党军队的干扰，起义很快就陷入困境。

在这种情况下，共产党人没有气馁。10月中旬，中共湖北省委得知黄麻地区尚有相当数量的武装力量和良好的群众基础之后，先后派符向一、刘镇一、吴光浩、王志仁等到黄麻地区加强起义领导，成立了以符向一为书记的特别区委员会，并组成以潘忠汝为总指挥的起义指挥部，积极进行再次起义的准备。

11月13日，鄂东特委召开紧急会议，决定以武装斗争的方法最终夺取黄安县城。指挥部决定，先组成70人的突击队，由吴光浩率领潜入城内，准备里应外合。当晚10点，潘忠汝、戴克敏率领农民自卫军、农民义勇队向黄安县城进发。

11月14日凌晨4时，起义武装在黄安城内群众配合下，由城西北角攀梯而上，一举攻入县城，合歼城内反动武装警备队，缴获枪支弹药等战利品，活捉伪县长贺守忠等15人，打开监狱，释放被捕的农协干部和革命群众。黄麻起义取得成功，土地革命胜利的旗帜终于插上了古老的黄安城头！当日下午4时，国民党军一个团向黄安县城开进。为避敌锋芒，下午6时，起义队伍撤回七里坪休整。进占黄安城的国民党军惧怕起义队伍再次进攻，于次日晚弃城退走。

16日，起义队伍从七里坪出发，浩浩荡荡开进黄安县城。18日，中共黄麻特委在城南校场岗举行万人大会，宣告黄安县农民政府成立，颁布《黄安县农民政府施政纲领》，宣布实行土地革命。同时，黄安、麻城两县农民自卫军在中共湖北省委的领导下整编成工农革命军鄂东军。

在党的领导下，黄安县城迅速建立秩序，商店照常营业，学校继续上课，县总工会及工人纠察队担负起维持秩序的工作。整个起义胜利的喜讯很快就传遍鄂东。当地一名小学教员创作的民歌迅速流传开来："八月桂花遍地开，鲜红的旗帜树起来。张灯又结彩，光辉灿烂闪出新世界。亲爱的工友们，亲爱的农友们，唱一曲《国际歌》，庆祝苏维埃！"

黄麻起义的胜利，对国民党反动派产生了极大震撼，他们立即调动军队进行多次反扑。12月5日，国民党军队突袭黄安县城。鄂东军与敌军进行了英勇战斗，终因寡不敌众而失败，黄安县城再次陷于敌手。鄂东军蒙受惨重的损失，王志仁、潘忠汝等革命志士牺牲。接着，敌军对黄麻起义地区疯狂进行"清剿"。12月下旬，黄麻地区党组织和鄂东军领导人召开会议，决定留部分人员就地坚持斗争，集中72人携带长短枪50余支，趁夜转移到黄陂县（今武汉市黄陂区）木兰山一带开展游击活动。

黄麻起义有力地揭开了鄂豫皖地区武装斗争、土地革命和苏维埃政权建设的序幕，为鄂豫皖革命根据地的创建和红四方面军的建立起到了先导作用，在中国革命史上写下了光辉的一页。

黄麻起义复原油画

武汉会战

热血沸腾在鄱阳,火花飞迸在长江,人民发出了暴烈的吼声,"保卫大武汉"的口号响彻三镇。

当国家到了最危险的时刻,人们总会被民族精神唤醒。在武汉最紧要的关头,武汉军民同仇敌忾,誓与武汉共存亡。

1938年6月至10月,中国军队在武汉地区同日本侵略军展开大规模会战,史称"武汉会战"。这场保卫战里,中国军队浴血奋战,以伤亡40余万的代价,毙伤日军25.7余万,将日本侵略者拖入了持久战的泥潭。

七七事变之后,日本发动了全面的侵华战争。1937年11月,南京国民政府西迁重庆,但大部分政府机关和军事统帅部却位于武汉,武汉实际上成了当时全国军事、政治中心和战时首都。因此日军企图迅速攻取武汉,以尽快结束战争。

这一时期,为了抵御民族大敌,保卫大武汉,国共双方进一步加强合作。在徐州会战前,中国共产党就明确提出了保卫武汉的任务,在武汉成立了武汉青年报国团和中国抗日先锋队,在汉口设立八路军办事处,并派周恩来、董必武等中国共产党骨干前往武汉工作,加强与国民党的配合,并进行广泛的抗战宣传工作,从而团结一切可以团结的力量。

会战开始之前,国民政府军委会制定了保卫武汉的战略方针和作战计划,其中心思想是立足外线,保持部队高度的机动性,利用地形和工事,逐次抵抗消耗日军,以空间换时间,最后转变敌攻我守的战争态势。按此计划,蒋介石指挥第五、第九战区约100万人应敌。

此时，日军在华中地区集中了 14 个师团的兵力。直接参加武汉作战的是第二集团军和第十一集团军，共 9 个师团约 25 万余人，同时派出海军第三舰队和航空兵团，约有舰艇 120 艘，飞机 300 架。

面对日军的疯狂进攻，中国军队万众一心，同仇敌忾，浴血奋战。从 6 月开始，中国军队在武汉外围，沿长江南北两岸，与日军展开了长期的大规模作战。

武汉保卫战中，中国军人用高射机枪向日军飞机射击

由于中国军队的顽强抵抗，各路日军在付出惨重代价后，迟至 10 月底才完成对武汉的三面包围。从持久抗战的战略角度出发，为保存军力以利长期抗战，中国军队被迫于 10 月 25 日撤离武汉。在中国军队撤离后，10 月 26 日，日军占领汉口、武昌，27 日占领汉阳，武汉会战遂告结束。

武汉会战，从日军攻占安庆开始到武汉失守为止，历时四个半月，大大消耗了日军的有生力量，打破了日本侵略者妄图迫使中国屈服、早日结束战争的计划，成为中国抗日战争的重要转折点。武汉会战结束后，中国的抗日战争进入战略相持阶段。

中原突围

抗战胜利后，饱经战乱之苦的中国人民表达出对和平、民主等的无比向往。中国共产党代表人民的意愿,向国民党提出了和平、民主、团结的主张。毛泽东亲赴重庆进行和谈,与国民党签订了"双十协定"。但是,国民党反动派为了独占抗战胜利果实,继续实行专制独裁的反动统治,竟凭借其优势兵力和美国援助,调兵遣将,向解放区大举进犯。中原解放区由于地处全国解放区前哨,雄踞华中腹地,扼制着国民党军队出川的咽喉,战略地位十分重要,因而成为国民党军队进攻的第一个目标。

1946年,国民党军队对中原部队的包围圈日渐紧缩,将中原军区部队6万余人包围在以宣化店为中心、方圆不足百里的狭长地带,中原解放区的面积只有原来的十分之一。为了避免内战,中共中央曾多次与国民党谈判,表示愿意让出中原解放区,将部队转移至其他解放区去。但蒋介石却一意孤行,不断加紧调动部队,至6月下旬,蒋介石用于包围中

1946年8月,三五九旅中原突围,历经艰险返回陕北。
前排左起:黄罗斌(警备第三旅旅长)、王震、王恩茂、郭鹏、李铨

原军区的兵力已增至10个整编师,约30万人。1946年6月26日,蒋介石撕毁国共双方于1月间达成的《停战协定》,任命刘峙为进攻中原解放军的总指挥,于7月1日发起总攻击,妄图在"四十八小时内,一举包围歼灭"我中原部队主力。

其实,中原部队完全可以在敌人尚未形成包围圈之前,安全转移到其他解放区。但党中央从全国战局的大棋盘上看到,中原军区部队的历史使命是牵制国民党军队的有生力量,必须准备做出重大的牺牲,哪怕是全军覆没,也要保障战略全局的胜利,在未完成牵制任务之前则是一颗只守不退的重要棋子。随着形势的变化,当中原部队坚持10个月之久、胜利完成牵制敌军任务之后,党中央为保存这支有生力量,以非凡的革命胆略和智慧,为中原部队作出了"主动出击,组织战役,突出包围,实行战略转移"的重大决策,并为其指明了突围方向。

6月20日,中原局、中原军区经过请示并获批准后,制定了具体的突围部署:由皮定均率一纵队一旅向东行动,造成主力东进的假象,从而转移敌人的视线。中原解放军的主力则分为南北两路向西突围。北路由李先念、郑位三、王震率中原局、中原军区直属机关和二纵十三旅、十五旅四十五团,从广水与信阳之间突破平汉铁路封锁线向西挺进;南路由王树声等率一纵第二、三旅,从孝感、花园之间突破平汉路封锁线向西挺进。另外,张体学率鄂东军区部队,挺进大别山腹地,牵制敌人兵力;黄林率河南军区部队,在平汉路西侧掩护北路主力突围作战;王海山率二纵队十五旅大部随一纵队行动;罗厚福所率江汉军区部队留少数武装坚持原地斗争,其余部队进入襄河以西地区。

中原突围战役，不仅显示出党中央、毛泽东战略坚持和战略转移伟大决策的英明与正确，同时也显示出中原军区部队高度的全局观念和大无畏的英雄气概，以及中原军区司令员李先念杰出的指挥才能和面对强大敌人临危不乱的可贵品质。

6月21日和24日，李先念司令员命令皮定均所率一纵一旅故意繁忙地在宣化店东北泼陂河前沿加固工事，佯装成中原军区主力想在东线打一场恶战的姿态。其间，李先念还指令皮定均旅长大量召集民工参加修筑工事，并且还有意识地让国民党特务、奸细混进民工之中，以制造口实。23日和24日，一纵一旅部队在阵地上川流不息地频繁调动，深夜秘密地向西转移，白天又公开地回转向东开进，中途还在行军路上埋锅做饭，使敌人深信中原部队的主力调往东线，突围方向往东无疑。当敌人再次对我军进行武装挑衅时，李先念又命令一纵一旅猛烈地向敌人阵地发起反攻，进一步造成我军主力向东突围的假象，从而迷惑和牵制敌军，掩护中原军区主力向西突围。

6月26日，李先念命张体学率领小部人马着便衣秘密接替中原军区机关警卫部队的任务，此时，国民党反动派似乎发现一些蛛丝马迹，美蒋谈判代表立即提出要见李先念司令员的要求。为不使美蒋代表产生怀疑，当天下午，李先念便在宣化店国际招待所举行宴会。当有人提问说中原部队有所调动时，李先念哈哈大笑说："哪有那种事，我刚从部队回来。"晚上，李先念又在宣化店巧设"空城计"，邀请美蒋谈判代表到中原军区大礼堂看戏。看完戏后，又故意带领三方谈判代表游览了宣化店街上的夜市，满街灯火通明，买卖热闹非常，使国民党和美方代表对于中原军区主力当晚向西秘密突围毫无察觉。更为奇妙的是，李先念司令员在6月26日夜晚率领中原主力向西突围之前，还安排部下过两天给驻宣化店美国航空人员古莱福上校赠送一张个人照片，并特意在照片上写下"1946年6月28日赠"，其用意显然是让国民党和美方代表相信他本人6月28日还在宣化店。6月29日下午，突围部队已秘密离开宣化店两天了。当张体学宣布"李先念将军已率部胜利突过平汉铁路"的消息时，美蒋代表一个个目瞪口呆，仓皇离开宣化店。

  李先念率领的北路突围部队，于29日晚在平汉铁路柳林车站等地经过短时激战后，胜利突过平汉线，向西挺进。由王树声率领的南路突围部队，在阳平口受阻后，在王家店与敌激战，杀出一条血路，于7月1日越过平汉铁路，直指襄河。由皮定均率领的一纵一旅，在完成牵制敌人的任务后，按预定计划于6月29日在麻城以北突破封锁线，7月中旬进入苏皖解放区。由张体学率领的鄂东独二旅，在宣化店完成"空城计"和吕王城阻击任务后，不畏强敌合围，奋力向东突围，后转战大别山区。此外，河南军区部队在黄林的带领下、江汉军区部队在罗厚福的领导下，也各自圆满完成既定任务，并且最终完成战略转移。

  中原军区部队胜利突围后，部队开始在陕南和鄂西北创建豫鄂陕、鄂西北根据地，并在大别山、桐柏山、大洪山等地燃起游击战争的熊熊烽火。在坚持敌后游击战争的过程中，中原军区部队继续牵制国民党24个以上的正规师和大量保安团，形成了与全国解放区正面战场相呼应的广阔的中原敌后战场，在解放战争史上写下了极其光辉的一页。

刘邓大军跃进大别山

高大巍峨的大别山，在刘邓大军完成千里挺进大别山的历史壮举之后显得更加高大挺拔。

1947年，解放战争进入最为关键的一年。国民党军队倚仗装备精良、兵力较多的优势，向山东和陕北解放区发动重点进攻，并一度占领延安。为扭转战局，实现战略进攻，毛泽东和中央军委做出了一个富有勇气的惊人之举：从蒋介石伸来的虎口般"钳铰"处的中央突破，三路大军挺进中原，同时将主要进攻方向指向敌人战场上最敏感又最为薄弱的大

刘邓大军挺进大别山雕塑（由中国图库提供）

别山地区。这就是著名的刘邓大军千里跃进大别山。

1947年6月30日夜,刘伯承、邓小平遵照中央军委"中央突破、南渡黄河,直趋大别山"的战略方针,率领晋冀鲁豫野战军主力部队约12万大军,从山东阳谷以东150余公里的8个地段上强渡黄河,一举突破国民党军的黄河防线,拉开了战略进攻的序幕。解放军渡过黄河之后,蒋介石慌忙调集兵力,企图逼迫刘邓野战军北退或者背水一战。7月,刘邓大军发起鲁西南战役,经过28天激战,歼灭敌军2个师部、9个半旅共56000多人,为挺进大别山开辟了通道。

8月7日,刘伯承、邓小平发出命令:勇往直前,不要后方,不向后看,千里跃进大别山!这是一次路途诸多险阻的进军,是一次全靠意志和勇敢才能取胜的进军。经过20多天的艰苦跋涉和激烈战斗,刘伯承、邓小平大军以锐不可当之势,不仅战胜数十万敌人的围追堵截,而且先后越过黄泛区、大江大河等天然屏障,终于于1947年8月27日胜利进入大别山地区。

刘邓大军到达大别山后,部队趁尾随其后的国民党军23个旅还没有形成包围之势,迅速实施战略展开,以建立起坚固稳定、无坚不摧的大别山根据地。到9月中下旬,刘邓大军先后解放鄂豫皖边区县城23个,歼灭国民党正规军6000余人、地方武装810

刘邓大军挺进大别山

余人，相继建立起 17 个县的民主政权。此后，在刘邓的指挥下，解放军机动灵活地运动歼敌。到了 11 月，刘邓大军在 2 个月中，共歼敌 3 万余人，解放县城 24 座，建立了 33 个县政权。在这一过程中，大别山的战略部署工作得以逐渐完成。

在刘邓大军进军大别山的同时，陈赓、谢富治大军向河南西部挺进，歼敌 5 万余人，解放了 10 余个县城，调动敌军 8 个旅的兵力，在大别山以西有力地缓解了刘邓的作战压力。陈毅、粟裕大军挺进豫皖苏边地区，歼敌两万余人，调动了敌军 15 个旅的兵力，打乱了敌之军事部署，在刘邓以北扩大了解放区。自此，刘邓、陈谢、陈粟三支大军完成战略性部署，在广阔的中原地区，结成了一幅"品"字形的有利的战略态势，为解放战争的全面胜利打下了坚实的基础。

刘邓大军跃进大别山是解放战争的一个重大转折。此后，解放战争的全国性战略进攻就此开始，夺取全国胜利的嘹亮号角更是从此时正式吹响。

品味湖北之景

洪炉锻打的威风

刘益善

红安县七里坪镇有条街叫长胜街，这条长不过一里、宽不过两丈的小街，花岗石铺路，街两边的房屋青砖黑瓦，木格窗，木板门，房屋山墙与隔火墙有龙蛇鸟兽造型装饰。这是一条在中国革命历史上不可不提的小街。它是黄麻起义的策源地，也是中国三大红军主力之一的红四方面军的诞生地，这两件都是有历史记载的大事。即使是那间四平方米的房间，房间里的一盘洪炉，一架手拉风箱，一座铁砧，靠墙放着的钳子与大锤小锤，也有着不平凡的记忆。

长胜街是国务院列入的全国文物重点保护单位。我在长胜街瞻仰了红四方面军指挥部、苏维埃劳工委员会、革命法庭、银行、中西药局与饭堂合作社等遗址后，走进了这间四平方米的小屋。

我站在小屋里，久久没有离去。小屋是一间大厅后面的倒屋，只有很小的门进来，外面参观的人熙熙攘攘，小屋却很安静。我眼前升起了80多年前的火光，小屋洪炉的火光熊熊，粗壮的手臂拉着风箱，炉火中的一块顽铁烧得透红，钳子夹起红铁，放在铁砧上，又一双粗壮的手臂扬起大锤，砸在红铁上，火光四溅，叮当的捶击声，不绝于耳，穿过夜色，在长胜街上飘荡。叮当！叮当！大锤小锤交相捶击，铁钳夹着的红铁渐渐变成青灰色，变成了一支长矛，变成了一把大砍刀，变成了一杆梭镖。成了型的铁器，被钳子夹着，往水槽里一扔，滋的一声长响，长矛、梭镖、大刀，淬了火，一件件冷兵器就此诞生。

我站在小屋里，久久不愿离去。在戴克敏、曹学楷、吴焕先等人领导和发动下，七里坪的农协会、农民自卫队成立起来了，泥腿子背插大刀，手握梭镖长矛，红缨飘展，自卫队员，一个个威风凛凛，打土豪，惩恶霸，革命活动如火如荼。柯义生杂货店的店员成立工会，组织了工人纠察队，纠察队员威风凛凛，手持长矛、梭镖、大刀。工人农民组织成立了法庭，审判镇压了大土豪阮纯青、李介仁与反动商会会长李业阶，而枪决这些土豪劣绅的一把土手枪也是铁匠铺里打造出来的，那是一把唯一的、十分简陋的手枪。威风啊威风，革命的威风，来自力量，来自武装。1927年11月黄麻起义，长胜街是起义队伍的集结点，浩浩荡荡的起义队伍，手握的大多是长矛梭镖大刀，握长矛梭镖大刀的队伍向黄安县城进攻，他们威风啊！当黄安城被攻下，变成了红安，我看到威风在队伍中高扬。

我站在小屋里久久沉思着，眼前这间不起眼的铁匠铺十分普通，与旧中国的所有铁匠铺一样简陋，可是，在红安七里坪长胜街，这间看似普通的铁匠铺子却不平凡！它炉火熊熊，它铁锤高举，它风箱不断鼓动，它的叮当之声不舍昼夜，它歇人不歇火，它日夜生产着兵器，为武装革命的工农，提升革命队伍的威力。据统计，这间铁匠铺打造出的各类冷兵器达一千余件。洪炉的火啊，在旧中国的暗暗黑夜中不熄，觉悟了的工农，在铁砧上不停锻打，锻打杀敌的武器，锻打革命队伍的威风，锻打胜利。当热兵器完全取代冷兵器，当各种先进的武器在战争中施展威力的时候，长矛梭镖大刀，在现代化战争中被淘汰掉，但是，我还要向革命早期的梭镖长矛大刀致敬，没有它们，就没有革命的起步与发展，就没有队伍的威风与力量，就没有今天的胜利与现代化。

我从红安县七里坪长胜街一间四平方米的铁匠铺里走出来，蓝天丽日，四处一片繁荣，我走在处处都是遗址的石板街上，耳边仿佛还在响着叮当之声，那铁砧还在锻打着，锻打着历史，锻打着记忆，锻打着觉醒了的民众的威风。

原载《湖北日报》2011年6月3日

第二章 名人

Dierzhang
Ningren

Dierzhang

FengyunHubei
Mingren

风云湖北

青山有幸埋忠骨，沃土精魂聚成仙；和平今朝出英杰，文艺绽放欣盛花。

在这个人杰地灵的土地上，曾经出现过那样一些人，给我们朦胧的双眼以璀璨的光芒，给我们平凡的生活以爱的箴言。是他们，让我们感受到荆楚大地的灵性；是他们，让我们感受到荆楚文化的魅力；是他们，让我们感受到荆楚儿女的杰出！

在这里，我们将为大家讲述他们的生平事迹、思想见解或丰功伟绩，或带来一些他们的奇闻轶事，以满足大家追溯荆楚名人足迹之期盼。

我们的文笔或许拙劣，我们的思想或许浅显，但却凝聚着我们心中忽略不去的感慨万千；我们的情深意切，是用灵魂铸就。湖北的文化因他们而生辉，湖北的山水因他们而增色，湖北的旅游因他们而添彩。

第一节 领袖纪

> 吊民伐罪,保卫国疆。
> 海内升平,民众安康。

毛泽东:最爱武汉

毛泽东最爱武汉。在武汉,他频频迸发出影响中国和世界历史进程的思想火花。

1926年,毛泽东在武昌红巷筹办农民运动讲习所,次年写下《湖南农民运动考察报告》。汉口"八七"会议上,他首次提出"枪杆子里面出政权"。武汉是毛泽东成为革命家和政治家的摇篮。

1927年,毛泽东携全家落户武昌都府堤,成为武汉市民。在这里,他迎接了第三个儿子的出生。武汉的日子,是毛泽东和杨开慧母子幸福团聚的时光。

毛泽东武昌故居

毛泽东酷爱游泳，武汉的大江大湖深深吸引着他。1956—1966年，他在武汉畅游长江40多次。1953—1974年，他先后48次到武汉东湖，最长的一次住了178天，东湖成为北京中南海外他晚年来的次数最多、居住时间最长的地方。武汉东湖宾馆的梅岭一号也因此被称为"湖北中南海"。

李先念：我本红安

李先念生长于湖北黄安（今红安）。1927年，他参加了黄麻起义，从此开始了革命生涯。毛泽东称其为"不下马的将军"。

1949年5月，李先念全面主持湖北省党政军工作。百废待兴，又逢"黑白之战"，资本家抬高物价，黄金白银价格暴涨。他联系上海等经济实力较强的城市，往湖北调集物资，很快稳住市场，控制了局面，在较短时间内实现了从战争到经济建设的历史性过渡。

李先念担任国家领导人后，一直心系三峡。逝世后，他的骨灰被撒到了大别山等地，魂归故里。红安现存有李先念纪念

李先念像

馆、故居纪念园、烈士陵园、七里坪革命遗址群。

董必武：起于黄冈

董必武，湖北黄安（今红安）人。1911年参加辛亥革命，加入同盟会。1920年，他和陈潭秋等人创建武汉共产主义组织，创办武汉中学，培养了大批仁人志士。1922年，董必武任中共武汉地方委员会书记、中共湖北省委委员。

北伐战争期间，董必武领导创办革命报刊、争取军阀部队起义、支援北伐进军，参与领导湖北农民运动，促进了大革命向长江流域发展。

抗日战争初期，董必武在武汉大力开展党的统一战线工作，在汤池、七里坪、汉口富源里创办训练班，筹建中共湖

董必武纪念像

北省工作委员会,恢复发展湖北的党组织,筹建八路军武汉办事处,创办《新华日报》,为开展华中敌后抗日游击战争、争取抗日战争的最后胜利打下了良好基础。

董必武故居在湖北黄冈红安县城内。

董必武故居

第二节　英雄传

> 跃马斩将万众中,千古凛凛国士风。
> 举剑问天烽火处,精忠报国建奇功。

关羽:"武圣"

关羽(？—220),本字长生,后改字云长,东汉末年名将,民间尊为"关公",又称"美髯公"。历代朝廷对关羽多有褒封,清代更是奉为"忠义神武灵佑仁勇威显关圣大帝",崇为"武圣"。

三国时期,赤壁之战后,曹仁奉命防守荆州的孙刘联军,刘备与孙权约定对曹仁军进行夹击,关羽担负着断绝曹仁后路的任务。刘备获得荆南四郡后,因关羽功勋卓著而封他为襄阳太守,称之为"荡寇将军",并命他在江北驻扎,对江陵城进行修缮。

213年,刘备入蜀助刘璋防御张鲁,张飞、赵云、诸葛亮与关羽共守荆州。

214年,刘备与刘璋决裂,在攻打雒城时,军师庞统中流矢身亡,刘备于是召张飞、赵云、诸葛亮入川支援,荆州只留关羽驻守。刘备平定蜀地后,由关羽镇守荆州五郡。

215年,孙权知道刘备已夺得益州,希望取回荆州。孙刘两方的将领在阵前据理相争,但最终未能达成一致。不愿放弃荆州的孙权命吕蒙准备进攻荆州南部,令鲁肃率万余人马调于益阳牵制关羽。刘备闻讯,立即从益州带兵回援。当时,关羽为应对吴军,从三万人马中亲自挑选英勇善战的五千精兵,希望能够从上游渡河,后为防止吴将甘宁的阻击而放弃渡河,转而在河对岸安营扎寨。这个地方后人称之为"关羽濑"。

219年,关羽围襄阳,曹操派于禁前来增援,关羽擒获于禁、斩杀庞德,威震四方,曹操都力求避其锋芒。后来曹操派徐晃前来增援,东吴吕蒙又偷袭荆州,关羽腹背受敌,兵败被杀。相传孙权将关羽首级送给曹操,希望借此挑起争端,曹操却以诸侯之礼将关羽首级进行厚葬,同时关羽的身躯则被孙权同样以诸侯之礼在当阳下葬,即为关陵。故民间流传有"头枕洛阳,身困当阳"之说。

关陵位于今湖北省宜昌市当阳城区西北。荆州百姓为纪念关公,在卸甲山修建关羽祠,卸甲山关羽祠被誉为"天下

荆州关公义园

第一关羽祠"。另一处为纪念关羽而建的关公义园位于荆州古城东南侧，园内建有世界最大体量的青铜关公雕像。

陈友谅：成王败亦王

陈友谅（1320—1363），元末沔阳（今湖北仙桃）人，出身渔家，农民起义领袖，元末大汉政权建立者。

1355年初，徐寿辉派其手下将领倪文俊再次攻破沔阳城，陈友谅在黄蓬起义，加入红巾军，并凭借其战功从簿书掾一步步升为元帅。1357年9月，倪文俊谋害徐寿辉不成，转投陈友谅，后被陈友谅乘机杀害。陈友谅吞并他的军队，随即自称"平章"。

1358年，陈友谅率军攻陷安庆，又破龙兴、瑞州。然后分兵攻取邵武、吉安，而自己则领兵进入抚州。不久，又破建昌、赣、汀、信、衢。朱元璋攻取太平后，与他为邻。陈友谅攻陷元池州，朱元璋派常遇春率军前去攻打陈友谅，夺取池州。赵普胜是有名的骁将，号称"双刀赵"。赵普胜开始与俞通海等驻扎巢湖，一起归附朱元璋，后来叛归徐寿辉。这时他正为陈友谅驻守安庆，多次引兵争夺池州、太平，到处抢掠。朱元璋为此担忧不已，于是引诱赵普胜的食客，让他潜入陈友谅军中去离间赵普胜。赵普胜没有发觉，见到陈友谅的使者总是诉说自己的功劳，觉得自己有恩于陈。陈友谅由此怀恨心中，怀疑他要背叛自己。

1359年，陈友谅以会师为名，从江州突然来到安庆，赵普胜在雁汊以烧羊迎接，当他刚一登船，陈友谅便马上杀了他，并吞并了他的部队。1360年，虽遭到陈友谅的反对，徐寿辉仍决定迁都龙兴。仓促间他从汉阳出发，临时驻扎在江州。江州是陈友谅管辖之地，他命士兵埋伏在城外，然后将徐寿辉迎入城中，紧接着紧闭城门，将徐寿辉部全部消灭。随后陈友谅挟持徐寿辉居于江州，自称"汉王"。

称王后仍不满足的陈友谅又挟持徐寿

陈友谅金戈铁马像

辉东下，进攻太平。但太平城坚不可摧，于是陈友谅军便利用大型船只靠近西南城墙，士兵们顺着船尾爬过矮墙进入城内，攻克太平城。此役之后，陈友谅愈加骄狂。陈友谅部一进驻采石矶，便杀了徐寿辉。徐寿辉死后，陈友谅铲除了心腹之患，更加肆无忌惮，宣布即皇帝位，国号为汉，改元大义。

1363年，不可一世的陈友谅带领数十万水军出战，在鄱阳湖被朱元璋打败，陈友谅本人也被箭射中，最终丧命。陈友谅死后，其子于次年向朱元璋投降。

陈友谅墓位于武汉长江大桥武昌桥头引桥南坡下。陈友谅纪念馆和陈友谅故居同在湖北省仙桃市,陈友谅故居原名元庙观,后改名玄妙观。

黎元洪:民国大总统

黎元洪(1864—1928),字宋卿,湖北黄陂人,人称"黎黄陂",曾任中华民国大总统,是中国历史上唯一一个做过两任大总统和三任副总统的人。

黎元洪毕业于北洋水师学堂,随德国教官训练湖北新军,由管带累升为第二十一混成协统领。

1911年9月,武昌局势日渐紧张。文学社、

黎元洪像

共进会等湖北革命党人的起义领导机关不得不分散设置,采取隐蔽措施。10月2日和3日,黎元洪和瑞澂、张彪、铁忠等人两次召开紧急会议,策划防卫措施。因湖北省总军火库楚望台乃军事要害,军事参议官铁忠提议以第三十标第一营旗籍兵士替换革命党人居多的工程第八营兵士驻守,以防滋生意外。黎元洪反对。张彪考虑到工程第八营隶属自己的第八镇部下,为防人指摘,遂认同了黎元洪的建议。10月9日,孙武等在汉口不慎引爆炸药,革命党人仓皇逃避,武汉三镇

革命机关遭到清政府的大肆搜捕和"围剿"。随后，黎元洪被瑞澂委以按收缴的名册大行搜捕革命党人的任务。黎元洪害怕酿成巨变，于是向瑞澂请示，请求适当地改变处理方法。瑞澂怀疑黎元洪怀有二心，严词申斥，立即派遣张彪率宪兵驰往工程营搜捕革命党。黎元洪认为杀了三个革命党，搜获了革命党的秘密名册，名册上很多是军中兵士，在军队中恐怕要出乱子了。

10月10日晚，武昌起义爆发。黎元洪坐镇协司令部，得知驻塘角的第二十一混成协辎重队纵火起事时，即下令禁止官兵出入，并亲率管带、队官巡视营门，加意防范，又用会议形式，集官长于一室，借以延宕时间。黎元洪将四十一标全体官佐召集到会议厅，防止他们哗变。然而此时军心动摇，黎元洪也无法控制。这时，他也清楚地认识到革命形势

黎元洪墓

发展与自身将来处境息息相关。10月11日，首义革命党人、湖北诸议局议员和绅商代表共同召开联席会议，集议革命不能群龙无首，当务之急是要马上请出一位德高望重、为国人所熟知的领导人，组建军政府。黎元洪由此被革命党人强迫推举为湖北军政府都督。等汉口、汉阳光复，各国领事宣布"中立"，他才宣告就职。各省都督府代表联合会成立后，先后推选黎元洪为中央军政府大都督、大元帅。

辛亥革命后，孙中山当了大总统，但不久革命胜利果实被袁世凯所窃取。袁世凯称帝后，册封黎元洪为武义亲王，黎元洪坚决抵制。后来张勋复辟，黎元洪也坚持抵制。袁世凯死了之后，黎元洪才接任总统，为维护共和体制作出了不可磨灭的贡献。历史学家章开沅先生曾评价道，中国人在走向共和的道路上尽管坎坷曲折，但黎元洪毕竟也是迈开第一步的先行者之一，我们理应给他以必要的尊敬。

黎元洪故居位于湖北省大悟县彭店乡黎河村黎家河。黎元洪墓是"民国三大陵"之一，位于武汉市洪山区土公山南坡，即现今华中师范大学校内。

熊秉坤：首举义旗

熊秉坤（1885—1969），湖北江夏人，辛亥革命武昌起义的功臣，一度担任湖北省政府委员、审计委员会主任委员，同时兼任武昌市市长。新中国成立后，担任中南军政委员会参事、湖北省人民政府委员等职，是第二至四届全国政协委员。

清末，熊秉坤进入湖北新军第八镇工程第八营当兵，后来升为正目。1909年加入革命团体日知会。1911年加入共进会,继雷振声之后担任共进会工程第八营营代表。至辛亥首义前夕,熊秉坤在营中发展会员200余人,任工程营革命军大

熊秉坤

队长。1911年9月24日,共进会、文学社召开联合大会,制定起义方案,决定采纳熊秉坤的建议,由工程营负责占领该营防地楚望台军械库。

　　10月10日,孙武受伤,彭楚藩、刘复基、杨洪胜三烈士就义,工程营革命同志面对起义计划暴露的严峻局面,议决率先发动起义。程正瀛首先开枪打伤值班排长陶启胜,后击毙前来弹压的黄坤荣、张文涛,全营震动,枪声四起。熊秉坤立即以该营代表和革命军大队长身份首先率部发难,下楼吹哨笛集合队伍,随即对空连放三枪,率部占领楚望台军械库。进攻督署的战斗开始后,熊秉坤组成40人敢死队攻破督署东辕门。在他领导下,武昌光复。11日清晨,革命军旗帜高高飘扬在白云黄鹤的上空,起义成功了! 12日,起义军又收复了汉口和汉阳,武汉三镇全在革命军的掌握之中。1911年10月18日,阳夏战役爆发后,熊秉坤任民军第五协统领,先后在汉口刘家庙、大智门、跑马场一带与清军激战。1912年1月,湖北军政府整编各部,第五协编入第三镇,移驻云梦一带;3月,改协为旅,熊秉坤任第五旅旅长;10月,熊秉坤被授予陆军少将军衔。

因反对袁世凯,熊秉坤遭到通缉,逃至赣、宁、沪等地。后来他参加"二次革命",失败后远走日本。1914年,熊秉坤参加中华革命党,同年秋回湖北,被孙中山委任为讨袁鄂军司令,追随孙中山参加护法运动,任广州大元帅府参军。中国国民党成立后,他出任军事委员会委员。1928年4月,任湖北省政府委员,并受聘为湖北革命博物馆筹备委员会委员,1930年一度兼任武昌市长。1931年调任南京国民政府军事参议院中将参议。1946年退役。

1969年熊秉坤病殁后,与夫人合葬在湖北省武汉市九峰山革命烈士公墓内。

程正瀛:武昌起义第一枪

程正瀛,湖北鄂州人,武昌起义的第一枪正是由他打响。程正瀛故居门口楹联为"首义史长垂,革新华夏原三楚;千秋功不朽,射落皇冠第一枪"。

1911年武昌起义爆发前夕,起义消息泄密,多名革命志士相继遇害。10月10日晚,

程正瀛

敌视革命的工程第八营二排长陶启胜查铺时,发现金兆龙、程正瀛抱枪和衣而卧,大惊,即上前夺枪,金兆龙大呼:"众同志再不动手,更待何时!"程正瀛挺身而出,冒险犯难,开枪击伤陶启胜,打响了震惊中外的辛亥首义第一枪。熊秉

辛亥革命博物馆

坤立即吹哨集合队伍，起义全面展开，经一夜激战，起义军攻克湖广总督署和湖北藩署，终于占领武昌。程正瀛这一枪敲响了清王朝封建统治的丧钟，结束了清王朝200多年的封建统治，推翻了我国2000多年君主专制统治，拉开了民主主义革命的序幕，为中华民国的建立立下了不朽的历史功勋，可以称得上是"真正意义上打响了亚洲民主的第一枪"。

辛亥革命武昌起义纪念馆位于武昌蛇山南麓的阅马场北端。

彭楚藩、刘复基、杨洪胜：首义三杰

彭楚藩（1884—1911），祖籍湖北武昌县（今湖北鄂州）；刘复基（1884—1911），湖南武陵人；杨洪胜（1875—1911），湖北襄阳人。三人并称为"首义三杰"。

1911年蒋翊武组织的"文学社"与孙武组织的"共进会"准备联合起事。10月9日，孙武等起义人员在俄租界试制炸弹，不慎走火，炸弹爆炸起火，引来俄国巡警，又引来清政府全城搜查。孙武派邓玉麟向总指挥部报告情况，并要求提前起义。邓玉麟急匆匆赶往位于武昌小朝街85号的指挥部，蒋翊武、刘复基、彭楚藩等人在此守候，只等起义的炮声响起。

入夜之后，起义的炮声并没有响起，楼下却传来激烈的敲门声，大批军警破门而入，刘复基奋不顾身扑向楼下，向院子投掷炸弹，但是炸弹未响，军警将他擒住，刘复基高声大骂军警并奋力反抗，为其他同志赢得了逃跑的时间。蒋翊武、彭楚藩等跳窗从邻居家逃出，但是街道已经被军警包围，蒋翊武混在围观人群中逃出包围圈，彭楚藩本来也已经逃出，但他还想回去营救刘复基，不幸被擒。运送弹药的杨洪胜被房东出卖，也被抓获。

湖广总督瑞澂令清军军事参议官湖北督练所总办铁忠连夜审讯。第一个被审讯的是彭楚藩。彭楚藩身穿宪兵制服，肩上的标志说明他是班长，铁忠一看，心里很不安，因为宪兵管带是铁忠的亲戚，宪兵造反，管带恐有责任，于是铁忠想为彭楚藩开脱，他这样问道："你是去捉党人的宪兵，怎么被

彭刘杨三烈士像

捉来了，一定是他们弄错了吧？"此时彭楚藩只要顺水推舟，顺着铁忠的话回答，就能活命。但是，彭楚藩为革命勇于献身的精神，绝不亚于任何时期的英雄，他坦然承认自己就是革命党人，放弃了低头活命的机会。随后铁忠又审问刘复基和杨洪胜，得到的也是大义凛然的回答。二人浑身血迹，铮铮铁骨，不吐露同党一人。

三位革命烈士，一样视死如归，一样豪气冲天，没有走漏半点提前起义的消息，他们的牺牲，激励了清军内部准备起义的革命战友，他们用自己的鲜血，祭奠了武昌起义胜利的旗帜——铁血十八星旗。

在彭楚藩、刘复基、杨洪胜三位烈士英勇就义后，11月9日，新成立的中华民国湖北军政府为三位烈士举行了公祭。孙武、吴兆麟、蔡济民等领导亲自致祭词："龟山苍苍，江水泱泱，烈士一死满清亡……"武昌起义时的平阅路，从此被改名为"彭刘杨路"，武昌紫阳路皇殿被命名为"三烈士祠"。三烈士慷慨就义处后来建有纪念亭供后人瞻仰。如今，杨洪胜烈士墓位于谷城县城东南约 3.5 公里处汉江西岸的高宁山上，彭楚藩烈士的陵园在鄂州西山风景区。

徐海东："虎将军"

徐海东（1900—1970），湖北黄陂（今属大悟）人，是中国无产阶级革命家、军事家，因骁勇善战被誉为"虎将军"，是中华人民共和国十大大将之一。

徐海东于 1925 年 4 月加入中国共产党。1927 年大革命失败后，他返回家乡，任河口区农民自卫队队长，在窑工中建立中共支部。11月，他率队参加黄麻起义。在创建鄂豫皖革命根据地的斗争中，他骁勇善战，被群众誉为"徐老虎"。他历任中共区委书记，县赤卫军大队长，中国工农红军营长、团长和师长。1932年秋，第四方面军主力离开鄂豫皖后，在国民党军对根据地进行残酷"清剿"的严重形势下，他同鄂豫皖党和红军的其他领导人一起，集中留下来的部队，先后重建第二十五军、第二十八军，任副军长、军长，在鄂东北、皖西坚持游击战争，取得了郭家河、潘家河、石门口、葛藤山、长岭岗、太湖、斛山寨等战斗的胜利。

中华人民共和国成立后，徐海东曾任中央人民政府人民革命军事委员会委员、国防委员会委员，当选为中共第八、第九届中央委员。1955年被授予大将军衔和一级八一勋章、

徐海东雕像

一级独立自由勋章、一级解放勋章。毛泽东赞扬他是"对中国革命有大功的人",是"工人阶级的一面旗帜"。邓小平评价他"对党有一颗红心"。

湖北省大悟县为纪念徐海东,建成一尊高11米的徐海东骑白马、腰挎枪的花岗岩雕像。

王树声:大别山英雄

王树声(1905—1974),湖北麻城人,中国无产阶级革命家、军事家,鄂豫皖、川陕革命根据地和红四方面军的创始人之一,军械装备建设和军事科学研究事业的奠基人和领导人,人民解放军的十位开国大将之一,被誉为"大别山英雄"。

王树声

王树声1926年加入中国共产党,参与创建了麻城县第一支农民武装;1927年参与领导麻城暴动和黄麻起义;1928年后历任工农革命军鄂东军分队长、鄂豫皖红军第四军团长、红四方面军副总指挥兼第三十一军军长、西路军副总指挥兼第九军军长等职。他英勇善战,战功显赫,为创建鄂豫皖、川陕革命根据地和红四方面军建立了不朽的功勋。

抗日战争时期,王树声历任晋冀豫军区副司令员、代司令员,太行军区副司令员,河南军区司令员,组织地方武装开展抗日游击战争。解放战争时期,王树声历任中原军区副司令员、第一纵队司令员兼政治委员。1946年他参与指挥中原突围,率军进入武当山区,开辟鄂西北游击根据地,任鄂西北军区司令员、鄂豫军区司令员等职。

红四方面军阅兵塑像

中华人民共和国成立后,王树声任湖北军区副司令员、司令员,中南军区副司令员,国防部副部长。1955年出任总军械部部长后,他致力于改善部队武器装备,加强部队革命化、现代化、正规化建设,同年被授予大将军衔。1959年王树声任军事科学院副院长,1972年任军事科学院第二政治委员,后当选为中共第八至第十届中央委员。

王树声有不少传奇事迹,有人记载道,他长得敦实剽悍,胡须丛密,双唇前突,如怒目金刚,因善射而在红四方面军有"神射手"之称。1927年黄麻起义时,王树声率领农民自卫军守麻城。敌红枪会万余人来攻。他镇定地登城北门,见敌蜂拥蚁行而至,为首是一红衣"师爷",便取步枪,推弹上膛,射之,"师爷"应声倒地,群匪四散逃命。红四方面军老战士董国元说,长征途中某日,见王树声为红军战士授短枪射击要领。王树声举驳壳枪,指一座屋顶说:"我打右下角翘起的三片瓦。"话音刚落——"啪、啪、啪!"三片瓦被击得粉碎。"文革"中某日,王树声为其子表演射技,以气枪击梨树上的梨子，连发三枪，三只梨相继坠地。其子捡之，见三梨都完好无损，原来弹丸全部击中了梨把。这一年王树声已逾花甲。

1974年，王树声病逝于北京，其墓位于麻城烈士陵园内。

项英：新四军创始人

项英（1898—1941），湖北江夏人，是中国无产阶级革命家，新四军的创建人和主要领导人之一。

项英于1922年加入中国共产党，曾任平汉铁路总工会总干事、湖北省工团联合会主任、中共中央职工运动委员会书记等职。1930年起，先后任中共中央长江局书记、中共苏区中央局代理书记，曾两次当选为中华苏维埃共和国临时中央政府副主席。中央红军主力长征后，项英任中共苏区中央分局书记等职，在赣粤边区坚持游击战争。全国抗日战争爆发后，项英任新四军副军长。1941年1月，因对国民党顽固派的阴谋缺乏警惕，项英在皖南事变中犹豫动摇，处置失当，对新四军皖南部队遭受严重损失负有责任。1941年3月，

项英雕像

项英在泾县被叛徒杀害。

1990年9月,中央办公厅批准武汉市江夏区为项英塑铜像一尊。2014年是项英诞辰116周年。这年5月14日,武汉资深收藏家姜小平展示了一份82年前的《文化日报》,上面刊载的文章《项英记》记录了项英的出生、相貌、经历等内容,是目前发现最早的关于项英的传记。

段德昌:共和国第一号烈士

段德昌(1904—1933),中国无产阶级革命家、军事家,1933年在湖北巴东被杀害。1952年毛泽东亲自为段德昌签发中华人民共和国中央人民政府第一号烈士证书,中央军委将他列为共和国历史上的36位军事家之一,2009年他被中央宣传部、中央组织部等11个部门评为"100位为新中国成立作出突出贡献的英雄模范人物"之一。

段德昌

1924年,段德昌创办新华中学。1925年6月,段德昌加入中国共产主义青年团,同年转入中国共产党。"五卅"惨案后,他发起组织"青沪惨案南县雪耻会",随后进入黄埔军校第四期和中央政治讲习班学习。毕业后他到国民革命军第八军第一师政治部工作,参加北伐战争,领导开展游击斗争,创建游击根据地，是有名的常胜将军。

1933年，段德昌前往湘鄂边工作，此时湘鄂西的"肃反"正值高潮。段德昌一边率军同敌苦战，一边同夏曦错误路线作坚决斗争。丧失洪湖根据地后，段德昌痛心疾首，多次向夏曦提出恢复洪湖苏区的设想和建议，但都遭到拒绝。正因如此，段德昌被诬为分裂红军的"改组派"而遭到逮捕。段德昌被捕后，贺龙为挽救他曾与夏曦据理力争，但无济于事。1933年5月1日，段德昌在巴东金果坪江家村被错杀，时年29岁。

段德昌牺牲后，湘鄂西苏区群众含泪埋葬了他的遗体，并在坟前栽下了代表他年龄的29颗青松。1952年，段德昌被追认为革命烈士。1953年1月，段德昌的遗骸被迁葬于鹤峰下坪，1962年再迁至鹤峰满山红烈士陵园。段德昌墓现位于湖北鹤峰县的八峰山上。

鹤峰烈士陵园大门

第三节　帝相说

> 臣有循吏，将有柱国。
> 左辅右弼，一统八荒。

帝王春秋

炎帝神农：人文始祖

炎帝是中国上古时期的部落首领。传说炎帝与黄帝结盟共同打败蚩尤，后来两个部落融合成为华夏族，因此炎帝与黄帝被共同尊奉为中华民族的"人文初祖"。

相传炎帝生于烈山石室，长于姜水，以火德王，故号炎帝。春秋以来，有大量文献记载炎帝诞生于烈山（今湖北省随州市

炎帝神农故里祭祖大典

随县厉山镇）。中华炎黄文化研究会在其编撰出版的《炎黄汇典》中明确定位"随州是炎帝神农故里"。世界烈山联宗总会在《世界烈山联宗总会章程》中写道："几千年来，从湖北省随县的烈山开枝散叶，散布四海，今名丽（厉）山的县治，就是烈山宗亲的发源地。"随州市随县厉山镇如今已成为海内外炎黄子孙寻根问祖的圣地。随州炎帝神农故里风景区也已成为研讨炎黄文化的基地。

炎帝在中华文明的发展历程中具有不可替代的作用。他制耒耜，种五谷，奠定了农工基础，有力地推动了人类由原始游牧生活向农耕文明的转化；立市廛，首辟市场，以物易物的市场是中国货币、商业发展的起源和基石；治麻为布，民着衣裳，是人类告别原始愚昧过程中的关键一步；作五弦琴，以乐百姓；削木为弓，以威天下；制作陶器，改善生活，对人类的饮食卫生和医药发展产生了深远的影响。炎帝使中华后裔在与自然和社会的斗争中得以逐渐摆脱愚昧和野蛮，追求先进与文明。炎帝精神促使中华民族获得了高度的团结和统一。

传说炎帝神农氏常在神农架搭架上山采药，为了纪念神农尝百草、造福人间的功绩，人们便把这一片茫茫林海取名为"神农架"。神农架地区

神农架炎帝神农塑像

关于神农氏的传说故事极为丰富，仅《神农架民间故事集》一书就收录了几十篇。在这些民间故事中，神农氏踏遍了神农架的千山万水。他架木为巢，供老百姓居住；他搭架采药，编写药书，为民治病；他斗凶兽、惩恶人，弘扬人间正气；他教民稼穑、养蚕、纺织、种树、采茶、制陶、制耒耜、饲养禽畜、创集市贸易、作琴瑟、创歌舞，与民同乐，创造了太平盛世。

炎帝的诸多传说中，以与医药相关的故事最多。相传有一次神农氏采药尝百草时中毒，生命垂危，他顺手从身旁的灌木丛中扯下几片树叶嚼烂吞下去，用以解饥疗渴。奇迹出现了，这几片树叶救了神农氏的命。于是，神农氏将这种树叶命名为"茶"，并倡导人们种茶、喝茶。还有传说称，神农氏在神农架采药时，登上了有仙境之称的燕子垭、天门垭，继而攀登回生寨。这回生寨的还阳药据说可起死回生，所以称之为"回生寨"。神农氏登回生寨，将其还阳药记载下来传之于后世，这就是我们熟悉的《神农本草经》。神农氏在跨越回生寨中一座独木小桥时，不慎将《神农本草经》竹简失落桥下，此桥因而得名"失书桥"。神农氏正在惋惜为难之际，忽然从碧空中飞来一群白鹤，把他接上了天庭，从此他成了"药仙"。回生寨从此一年四季香气弥漫，后人便将此地改名为"留香寨"。

楚庄王：一鸣惊人

楚庄王是春秋时期楚国国君，春秋五霸之一，在位期间令楚国威名远扬。

◆ "绝缨之宴"

春秋时期,各诸侯国战乱不断。名将养由基平定叛乱后,楚庄王宴请朝中大臣。为使气氛更加愉悦,楚庄王将宠姬嫔妃都叫出来助兴。席间

楚庄王画像

丝竹声响,轻歌曼舞,美酒佳肴,觥筹交错,至黄昏仍未尽兴。楚庄王便命点上蜡烛继续宴饮,还特意让最宠爱的两位美人许姬和麦姬向在座的群臣敬酒。一阵风忽然吹过,筵席上的蜡烛全都被吹灭,一位官员趁乱拉住许姬的手。许姬拼命撕扯,才从中挣脱,并趁机扯下了这人的帽缨。许姬拿着帽缨到楚庄王面前告状,让楚庄王点亮蜡烛找出这个酒后狂徒。然而出人意料的是,楚庄王非但没传令点燃蜡烛,反而大声说:"寡人今日设宴,与诸位务要尽欢而散。现请诸位都去掉帽缨,以便更加尽兴饮酒。"听楚庄王这样说,大家都把帽缨取下,把酒言欢,君臣尽兴而散。宴会结束后,许姬感到十分委屈,楚庄王解释道:"这次因庆功而宴请大家,就是为了让大家尽兴从而使君臣之间和谐相处,酒后失态的人若要究其责任,加以责罚,岂不大煞风景?"

过了几年,晋国和楚国交战,有位大臣总是在前面冲锋陷阵,五度交锋五度奋勇作战,带头击退敌人,最终获得胜

利。楚庄王讶异地问:"我的德行浅薄,又不曾特别优待你,你为什么毫不犹豫地为我出生入死呢?"那人答道:"我是戴罪之人,那天我酒后失态,君王却大度不与我计较。我在心中暗下决心要报答于您,却始终对当晚之事难以启齿,唯有在战场上鞍前马后,死而后已,方能不辜负君王不杀之恩!我就是那天晚上被扯断帽带的人啊!"

◆ 楚庄王与东湖落雁岛

武汉东湖落雁岛位于东湖风景区,其南岸与东湖磨山楚天台隔湖相望。相传春秋时期,楚庄王率部征战,来到东湖

武汉东湖落雁岛

东岸,见此处湖光山色十分秀美,便令大军沿磨山一带驻营。不料,大臣斗越椒突然叛变,战败后逃到一片荒岛,靠射下大雁充饥。一天,他射伤一只大雁,谁知大雁竟带伤直飞对岸楚庄王营中。楚庄王命人为大雁疗伤,后来大雁带路,引领将士将斗越椒抓住。为纪念那只引路雁,楚庄王把这个荒岛命名为"落雁岛"。

◆ 楚庄王与张公山寨

武汉市张公山寨同样留下了楚庄王的传说。张公山寨景区位于武汉市青山区严西湖北岸。据相关文献记载,此水域自春秋战国始,历来为兵家必争之地。相传春秋战国时期,楚庄王曾在严西湖南面击鼓督战,此山因此得名为"鼓架山"。

张公山寨

◆ 荆州钓诸侯台

楚庄王钓诸侯台位于荆州市城北的纪南城内东北隅。公元前597年的晋楚之战中,楚获大胜,威震九州,楚庄王为安抚列国,建筑高台,邀请诸侯来此聚会,众诸侯推庄王为盟主。此后"远者来朝,近者入宾",楚庄王威望日重,楚国国势日强。因而后人称此台为"钓诸侯台",又称"钓台"。

刘秀:光武中兴

刘秀(前5—57),即汉光武帝,东汉开国皇帝,南阳蔡阳(今湖北枣阳)人,《后汉书》称赞他"内外匪懈,百姓宽息"。

◆ 发祥于枣阳

刘秀是西汉皇室后裔,汉高祖刘邦的九世孙,出自汉景帝一脉。史书记载,汉景帝召见他的妃子程姬,程姬因故不愿去,把她的宫女唐儿送去蒙事,景帝喝醉了酒,迷迷糊糊"幸之",于是就有了刘秀这支后裔。刘秀的先祖,从王降为列侯,到他父亲刘钦这一辈只是济阳县令这样的小官员了。9岁时,父亲去世,刘秀兄妹成了孤儿,只好回到祖籍枣阳舂陵白水村,依靠叔父刘良抚养。刘秀在枣阳白水村生活了近20年。

枣阳不仅是刘秀的成长地,更是他的发祥地。王莽篡位后,因厌恶刘氏,诸刘都被罢官去爵,刘秀的叔父萧县县令刘良被罢黜后,也回到舂陵白水村务农。刘秀非常痛恨王莽,一心想恢复刘家汉朝的天下。王莽托古改制,天下大乱,各地纷纷揭竿而起,反抗王莽暴政。刘秀也因宾客为盗受到株连而"避吏新野,贩卖谷米于宛"。时年28岁的刘秀认为起兵反莽复汉的时机已到,于地皇三年(22年)11月,会同大哥刘縯打着"复高祖之业,定万世之秋"的旗号,开始"舂陵起兵"。因在舂陵起兵,这支起义军史称"舂陵兵",又因以复兴汉室为口号,故又被称作"汉军"。

为壮大起义队伍,刘縯、刘秀联络了王凤率领的新市兵和陈牧率领的平林兵,组织联军。由于在反抗王莽统治上目标一致,联军很快形成较大声势。"西击长聚,光武初骑牛,杀新野尉乃得马。进屠唐子乡,又杀湖阳尉。"长聚就是现在枣阳的寺庄,唐子乡就是现在枣北唐子山下的太平镇。在长聚、唐子乡、新野、湖阳的胜利,为汉军战胜强大的王莽南阳政府军打开局面,为取得后来南阳、昆阳大战胜利乃至东汉中兴奠定了基础。25年,刘秀称帝,重建汉政权,史称东汉。刘秀平定天下后,颁布实施了一系列利国利民、富国强兵的政策和措施,使国家走上了"中兴"之路。

◆ 眷念于故土

光武帝刘秀日理万机之际,仍念念不忘家乡,情系故土。刘秀在位32年,曾先后5次回到故乡枣阳。在枣阳,刘秀多次进行祭祖,并看望、款待族人、乡亲,表达眷念之情。在衣锦还乡的同时,刘秀还给予故乡许多恩赐,一是升级家乡的行政区划,将故乡舂陵乡升格为章陵县;二是对章陵县实行特殊的优惠政策,诏令免除章陵的田租及各种差役。刘秀不仅眷念照顾故乡枣阳,而且对其出生地、幼时生长地也都寄予深情。对其出生地济阳县,刘秀先后三次诏令免除全县徭役8年；对幼时生长地南顿县，先后两次诏令免除全县田租2年、徭役1年。一代明君刘秀这种热爱家乡、依恋故土、知恩图报的德行，在他的故乡枣阳一直流传至今。

◆ "帝乡"之传说

千年古刹白水寺位于湖北省枣阳市吴店镇的狮子山，是后人为纪念刘秀而建。"天子真龙飞白水"描述的即是刘秀故里白水寺。相传刘秀败归狮子山顶，人困马乏，舌干口渴，寻井饮水，不料井中水黑难饮。正值刘秀为难时，一条青龙脱井而飞，井水由黑变白，刘秀人马饮了个痛快，后人故称之为"白水井"。刘秀兵败滚河岸边，后有莽兵追赶，刘秀淌水，掷剑水中。浅浅河水即成深潭，从而挡住追兵，后来这里被称为"滚河剑潭"。王莽兵马追赶刘秀，被滚河挡住，只得望河兴叹，后人在河边修一小庙，称"王莽庙"。刘秀兵屯狮子山，

襄阳白水寺

一日找水饮马，忽然岩石下涌出清泉，供马饮用，至今池水清澈见底，后来这里被称为"饮马池"。虽然这些都只是传说，却能窥见一二当年历史的风尘。

为纪念刘秀，明万历年间，时人在城西关口立石碑一块，上书"汉世祖光武帝故里"。枣阳知县张靖臣为纪念枣阳出了西汉更始帝刘玄和东汉光武帝刘秀这两个皇帝，在城西内观台立"古帝乡"碑一块。这两块石碑现均收藏于襄阳市博物馆。

治世名臣

孙叔敖：第一循吏良臣

孙叔敖，名敖，字孙叔，一字艾猎，楚庄王时为令尹（楚相）。孟子曾说"孙叔敖举于海"，称赞他的功绩。司马迁在《史记·循吏列传》中列孙叔敖为第一人。

荆州孙叔敖墓

孙叔敖是楚国历史上著名的政治家、军事家。他辅佐春秋霸主楚庄王在邲之战中大败晋军，奠定了雄楚称霸的伟业。任令尹期间他体恤民情，悉心国事。他鼓励民众上山采矿，使楚国的青铜冶炼和铸铁工艺在当时处于领先地位。他重视水利建设，在出任令尹前带领当地人民兴建水利工程，灌溉农作物。这项水利工程，就是中国古代历史上著名的"芍陂"。他严明法度，制定实施了许多有利于民生的政策法令。在他的悉心治理下，楚国进入了政治、经济、文化发展的全盛时期。

由于施政、治军有功，楚庄王多次欲重重封赏孙叔敖，他却坚辞不受。孙叔敖虽贵为令尹，功勋盖世，但一生清廉简朴，家无积蓄，临终时连棺椁也没有备下。他去世后，归葬于江陵白土里。而其子生活穷困，仍靠打柴度日，令楚庄王十分震撼，急忙采取优厚待遇善待孙叔敖的后代。

孙叔敖墓位于湖北省荆州市沙市区中山公园东北角江津湖畔、春秋阁旁，是荆州著名的文物景点和游览胜地。历代文人墨客瞻仰孙叔敖墓，写下了不少咏赞的诗篇。

诸葛亮：躬耕陇亩

诸葛亮（181—234），字孔明，号卧龙，三国蜀汉政治家、军事家，是一位集众多成就于一身的贤臣能士。蜀汉时期他得封武乡侯，去世后追谥为忠武侯。诸葛亮一生著作颇丰，写下了《出师表》等不朽的传世名篇。他曾发明木牛流马、孔明灯等，并改造连弩，后世称作"诸葛连弩"，可一弩同时发射十矢。诸葛亮一生"鞠躬尽瘁，死而后已"，是中国传统文化中忠臣与智者的代表人物。

诸葛亮出生在官宦人家。生母和父亲去世后,其与弟诸葛均由叔父诸葛玄抚养。197年诸葛玄病逝,诸葛亮和弟妹失去了生活依靠,便移居隆中(今湖北襄阳),靠耕田种地维持生计。诸葛亮志向远大,以天下为己任,常将自己比作管仲、乐毅二人,很想干一番大事业。通过师从水镜先生司马徽和潜心读书钻研,他熟知了天文地理,精通了战术兵法,并且善于观察分析社会形势,积累了丰富的治国用兵知识。

诸葛亮像　　元·赵孟頫

207年，刘备屡遭挫折后依附刘表屯兵于新野。司马徽见刘备，荐道："那些儒生都是见识浅陋的人，岂会了解当世的事务局势？能了解当世的事务局势才是俊杰。此时堪称俊杰的只有卧龙（诸葛亮）、凤雏（庞统）。"当时刘备很器重徐庶，徐庶拜见刘备时，也重点推荐了诸葛亮。刘备希望徐庶引诸葛亮来相见，徐庶建议刘备屈尊相访。于是刘备亲自到诸葛亮家中，前后三次才见到诸葛亮。这时诸葛亮只有27岁。刘备听了诸葛亮一番精辟透彻的分析，眼界豁然开朗。刘备被诸葛亮的绝世才华深深折服，便拿出至真至诚之心恳请诸葛亮出山，助他复兴汉室、共谋大业。诸葛亮见刘备虚怀若谷，抱负宏大，当下就痛快地答应了刘备的请求。不久，刘备以隆重的礼节把诸葛亮接到了自己的驻地，加以重用。诸葛亮"躬耕陇亩"，刘备"三顾茅庐"，引发《隆中对》的故事，成为千古美谈。

隆中风景名胜区位于今中国历史文化名城湖北襄阳。诸葛亮长达十余年潜心读书、心系天下的"卧龙"之地吸引了无数国内外游客到访。

张居正：宰相之杰

张居正（1525—1582），明代杰出政治家，湖广江陵（今湖北荆州）人，因此有"张江陵"之称。作为内阁首辅，张居正对明朝中后期的政治产生了巨大的影响，是"万历新政"的主要推动者，有《张文忠公全集》传世。

张居正自幼聪颖，12岁参加童试，得到荆州知府李士翱的赏识。13岁考举人时又颇受乡试主考官湖广巡抚顾璘的赏识,二人结成忘年之交,顾璘称其为"小友",盛赞其为国器,并解犀带相赠。顾璘因担忧张居正少时聪颖,过于顺利,得意忘形而终无为,便有意磨砺他,强制令其落榜。经历这次失意,张居正并未一蹶不振,而是体察了主考官的苦心,潜心苦读。

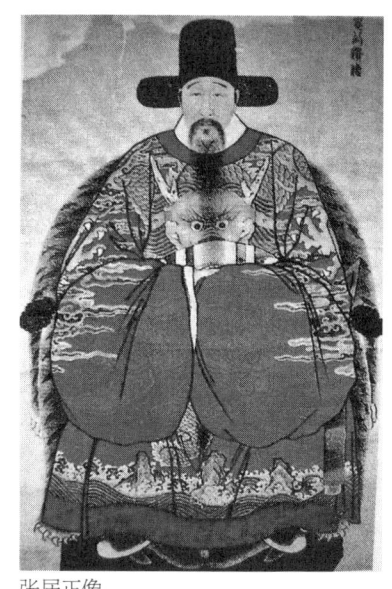

张居正像

1540年,张居正中举,7年后中进士,此后由庶吉士升至翰林院编修。世宗后期,他升任右中允,与朝廷中权臣和宦官都有密切关系,这对他后来的仕途与施政方针都有着很大的影响,但也埋下祸发身后的悲剧种子。

1567年,张居正任吏部左侍郎兼东阁大学士,进入内阁,后改任礼部尚书、武英殿大学士。1568年张居正上《陈六事疏》,根据正德、嘉靖两朝以来的官场积弊,从省议论、振纪纲、重诏令、核名实、固邦本、饬武备等方面申明自己关于改革时政的意见。万历初年,神宗年幼,张居正得到摄政的神宗生母李太后的信任,担任首辅,主持裁决一切军政大事,前后当国十年,实行了一系列政治经济改革措施。1573年张居正实行考成法,内阁牢牢把握了行政、监察大权,其中枢地位日益显著。

1577年,张居正父亲去世。按官制张居正应回乡守孝3

年，但张居正不愿此时离开政治中心，在明神宗的支持下提出"夺情"，一时间遭到多方面猛烈抨击。虽然最终事态得以平息，但张居正也处在了与大多数官员为敌的境地。

1578 年，张居正下令清丈土地，清查大地主隐瞒的田地，接着在全国推行了"一条鞭法"，政府的财政情况随之改善。1579 年，明神宗因与宦官游玩时行为不检，遭李太后训斥，张居正为皇帝写罪己诏，引发神宗皇帝不满。1580 年，张居正下令吏部遍查两京衙门，并于次年裁去两京户部侍郎以下的 156 个职位，同年裁撤郧阳巡抚、顺天巡抚、湖广总兵等地方大员职位。1582 年，张居正病逝，赠上柱国，谥"文忠"。

张居正逝世后，反对他的御史们上疏弹劾。早已心怀不满的神宗皇帝于是下令查抄张家，收回张居正生前所得玺书，

张居正塑像

以其罪状昭示天下,并罪及子孙。直至1622年,天启皇帝才为张居正复官复荫。

张居正墓位于湖北荆州市沙市西北张家台,又称张居正墓园、张居正纪念馆。张居正故居则位于今湖北荆州市古城东大门内。

张之洞:湖北新政

张之洞(1837—1909),字孝达,晚年自号抱冰。因其号香涛,任总督,故时人皆称之为"张香帅"。张之洞是清末洋务派代表人物,被誉为晚清"四大名臣"之一,有《张文襄公全集》。

张之洞

八国联军入侵时,大沽炮台失守,张之洞会同两江总督刘坤一与驻上海各国领事议订"东南互保"协议,并镇压维新派的唐才常、林圭、秦力山等发起的自立军起义。1901年慈禧发布上谕,宣布实行"新政"。张之洞成为"参预政务大臣",与刘坤一等人上《江楚会奏变法三折》,该折成为清末新政大纲。1903年,张之洞被召入觐,参与制定《奏定学堂章程》,该学制贯穿"中体西用"之精神,开启了中国教育体制的近代化进程。后来他又与张百熙等人上奏请求试办递减科举,获批。1905年,袁世凯领衔会同张之洞等督抚奏请"立停科举"获准,科举制度在中国彻底宣告结束。

为发展近代教育,张之洞创办了自强学堂、三江师范学堂、湖北农务学堂、湖北武昌蒙养院、湖北工艺学堂、慈恩学堂、广雅书院等。工业上,他创办汉阳铁厂、大冶铁矿、湖北枪炮厂等。

1907年,张之洞为大学士、军机大臣,进入朝廷权力中枢,后出任宪政编查馆大臣,参与立宪事宜。1908年11月,以顾命重臣晋太子太保。次年病卒。

张之洞性情乖僻,自命不凡,爱作诗出联,言行多与常人迥异。相传孙中山回国后曾拜会张之洞,递呈一张"学者孙文求见之洞兄"的名帖。张之洞见后很不高兴,心里嘀咕:"一个平民布衣,竟敢与我这封疆大吏称兄道弟,简直不知天高地厚。"便在那帖子背面写了上联:持三字帖,见一品官,儒生竟敢称兄弟!然后叫门房把名帖还给孙中山。孙中山一

蛇山首义公园抱冰堂

看便知这位张大人瞧不起自己，讨来笔墨对了下联：行千里路，读万卷书，布衣亦可傲王侯！张之洞看后一惊，心想此人行文不俗，流露出一股少有的豪迈之气，日后定当有大作为，便马上礼请入箔。

张之洞的身体素质很好，工作起来通宵达旦，夜以继日，能够24小时不断工作，而且十多昼夜，眼睛都不闭一下。旁边秘书安排三班制来陪护他工作，每班都有人挺不住。张总督是以单位为家的楷模，"无论大寒暑，在签押房内和衣而卧，未尝解带"。

纪念这位名臣的抱冰堂在武昌蛇山首义公园内。

第四节 百家谱

> 思为千古之师，术为一时之冠，
> 医为一方之德，才为百代之范。

思想大家

季梁：中国古代民本思想先驱

季梁，又称季良、季氏梁，春秋时期的政治家、思想家，为随国大夫，是中国古代民本思想的先驱。

季梁对随楚关系格局影响重大。针对随侯重神轻民的思想，他提出"民为神主"的思想，民本思想是其哲学思想的精髓。在劝谏随侯时，他提出的"修政而亲兄弟之国"的主

随州文化公园（曾用名"季梁生态文化公园"）

张,是其政治思想的集中体现。季梁提出的"先和不许而后战""怒我而怠寇""避实击虚"的军事策略蕴含着朴素唯物主义和辩证法思想,在西周至春秋初期无人能及,连春秋末期著名的军事家孙武也学习他的军事策略,由此可见季梁的军事思想在中国军事史上的地位。

季梁的哲学思想、政治主张及军事策略,是随国一段时间内成为汉东大国的重要原因。可惜当时的随侯没有始终践行季梁的治国方略,致使随国四面树敌,最终被楚国消灭。季梁因此郁郁而终。

季梁死后,葬于今湖北随州城东义地岗。

杨守敬:晚清民初学者第一人

杨守敬(1839—1915),湖北宜都人,谱名开科,榜名恺,后更名守敬,晚年自号邻苏老人,被誉为"晚清民初学者第

杨守敬塑像

一人"。

杨守敬一生勤奋治学，博闻强记，以长于考证著称于世，是一位集舆地、金石、书法、泉币、藏书以及碑版目录学之大成于一身的大学者，一生著述达83种之多。在古籍版本和金石学界颇负盛誉的杨守敬，也是一位卓有成就的古泉学家和著名书法家。他的相关著作有《水经注疏》《水经注图》《历代舆地图》《望堂金石初集》《望堂金石二集》《寰宇贞石图》《邻苏老人手书题跋》等，并撰有《日本访书志》。他的代表作《水经注疏》是"郦学"史上的一座丰碑。他一生虽未曾中进士，但在学术界却颇负盛名，被誉为"开舆地学之新纪元"的历史地理学家。他的书法在其众多的成就中，位列第三，但这丝毫不影响其在中国书法史上"亦足睥睨一世，高居上座"的地位。

杨守敬故居位于湖北省宜都市。杨守敬书院风景名胜区位于宜都市高坝洲库区。

王葆心：现代方志学奠基人

王葆心（1867—1944），字季芗，一字晦堂，湖北罗田大河岸镇古楼冲人。

1889年，张之洞在湖北创建两湖书院，该书院人才济济，各科教习皆为一时之选。1891年，王葆心进入两湖书院学习，这一时期，书院的整体风气和业师的治学门径对王葆心产生了重要的影响。

1890年起，王葆心先后受聘出任郢

王葆心

中博通书院院长、罗田义川书院院长、潜江传经书院院长。

1903年,王葆心取中湖北乡试第三名举人。1907年,王葆心应召入京,调任京都任学部总务司行走,兼图书馆编纂,后任学部主事,并被礼部聘为礼学馆纂修。

王葆心博览群书,熟悉地方文献,晚年于方志学致力尤勤。在主持湖北通志馆筹备工作以后,他博览全国志书达14000余卷,对其记载内容、取材方法、编纂体例等进行考证、对比和鉴别,在"辨抄袭、正谬误、审体例,寻因革"的基础上,找出其中融会贯通的脉络、体例变革的原因和切实可行的经验,撰为《方志学发微》一书。在《方志学发微》成书之前,他先撰成《重修湖北通志条例议》一卷,作为当时修湖北志的方案。该书中他所提出的修志意见和方法,受到方志学界的高度评价。

王葆心墓位于湖北罗田大河岸镇滚石坳村。1957年,湖北省人民政府为"嘉其学行",重修王葆心墓。董必武借鉴其诗,亲题挽联"楚国以为宝,今人失所师",以表墓门。湖北省文史研究馆为其撰文立碑纪念。

熊十力:新儒家开山祖师

熊十力(1884—1968),原名升恒,字子真,湖北黄冈人,新儒家开山祖师,其哲学思想对中国思想界影响深远。熊十力与牟宗三、唐君毅、徐复观、张君劢、梁漱溟、冯友兰、方东美被后人并称为"新儒学八大家"。

熊十力的哲学观点以佛教唯识学重建儒家形而上道德本体,其学说影响深远,在哲学界自成一体,"熊学"研究者也遍及中国和海外,《大英百科全书》称"熊十力与冯友兰为中国当代哲学之杰出人物"。

熊十力坚持民族的生存与其独立的哲学和文化息息相关。从这个观点出发,他对中国传统儒家学说的研究达到了废寝忘食的程度,并有《读经示要》等儒学著作传于后世。1944年,熊十力《新唯识论》付梓,由重庆

熊十力

商务印书馆作为中国哲学学会中国哲学丛书甲集第一部著作出版。该书集中反映了熊十力的哲学思想,它的出版标志着熊十力哲学思想体系走向成熟。此书与稍后出版的《十力语要》《十力语要初续》等书一起,构成了熊十力新儒家哲学思想的体系。他还著有《原儒》《体用论》《明心篇》《佛家名相通释》《乾坤衍》等书。

熊十力故居坐落在黄冈市上巴河镇熊坳村张家湾。熊十力逝世后,家乡人民将其骨灰运至故乡安葬。熊十力墓坐落在湖北省团风县上巴河镇张家湾通村公路旁的一个山嘴上,由原黄冈县政府于1981年修筑,为县级文物保护单位。

王亚南:经济史学开拓者

王亚南(1901—1969),湖北黄冈人。中国马克思主义经济史学的重要奠基人之一,中国著名经济学家和教育家,首倡

"中国经济学"概念,首译《资本论》。

"地主经济论"作为王亚南的重要理论创新,令学术界耳目一新,开拓了国人的视野,也为国际史学界所瞩目。关于中国半封建半殖民地经济形态的理论研究,是王亚南一生中最为杰出的贡献。他的代表作《中国经济原论》以及《中国地主经济封建制度论纲》《中国官僚政治研究》等,是对中国的新民主主义革命理论的极大发展和完善。在中国古史分期的学术讨论中,王亚南是坚持"西周封建说"的著名学者。

王亚南

王亚南和郭大力花费十年心血,克服重重困难,于1938年出版马克思《资本论》的三卷全译本,该译本成为马克思经济学说在中国系统传播的里程碑。

作为曾经的厦门大学校长,30余年的教师生涯为王亚南提供了大量的教学实践和办学实践,对于人才的培养、学校的发展、治学的方法等都有一定的研究,他将教育实践与马克思主义理论相结合进行深入的思考,为我国教育理论的完善和发展提供了借鉴作用。如今,有王亚南塑像立于厦门大学经济学院之前,听书声朗朗,望后继不绝。

科技巨星

陆羽:"茶圣"

陆羽(733—约804),复州竟陵(今湖北天门)人,唐代著名的茶学家，被誉为"茶仙"，尊为"茶圣"，祀为"茶神"。其所创造的一套茶学、茶艺、茶道思想，及其所著的世界第一部茶叶专著《茶经》，在中国茶文化史上是一个划时代的标志。

陆羽一生嗜茶，精于茶道。他对茶叶有浓厚的兴趣，长期实地调查研究，熟悉茶树栽培、育种和加工技术，并擅长品茗。唐朝上元元年（760年），他隐居江南各地，撰《茶经》3卷，该书成为世界上第一部茶叶著作。

陆羽遍历长江中下游的广大地区，考察搜集了大量第一手的茶叶产制资料，并积累了丰富的品泉鉴水的经验，撰下《水品》一篇，可惜今已失传。但同代文人张又新在《煎茶水记》里，曾详细地开列出一张陆羽品评过的江河井泉及雪水等共二十品的水单。如庐山康王谷水帘水第一，无锡惠山寺石泉水第二，蕲州兰溪石下水第三，而把扬子江中心的中泠泉（在今镇江，又称"南泠泉"）列为第七品。有意思的是张又新还记下了一个真实的故事：湖州

陆羽塑像

刺史李季卿在扬子江畔遇见了在此考察茶事的陆羽，便相邀同船而行。李季卿闻说附近扬子江中心的南零水煮茶极佳，即令士卒驾小舟前去汲水。不料士卒于半路上将一瓶水泼洒过半，偷偷舀了岸边的江水充兑。陆羽舀尝一口，立即指出"此为近岸江中之水，非南零水"。李季卿令士卒再去取水，陆羽品尝后，才微笑道："此乃江中心南零水也。"取水的士卒不得不服，跪在陆羽面前，告知了实情，陆羽的名气随后也就越发被传扬得神乎其神了。

湖北省天门市至今还有不少与陆羽有关的遗迹。

毕昇：活字印刷术发明人

毕昇（？—约1051），湖北省黄冈市英山县人，在宋仁宗庆历年间发明活字印刷术。活字印刷术的发明是印刷史上的一次伟大革命，它是中国古代四大发明之一，它为中国文化经济的发展开辟了广阔的道路，为推动世界文明的发展作出了重大贡献。

相传毕昇为书肆刻工。在长期的雕版工作中，他发现雕版印刷最大的缺点就是每印一本书都要重新雕一次版，不但要用较长时间，而且加大了印刷的成本。如果改用活字版，只需要雕制一副活字模板，则可排印任何书籍，活字可以反复使用。虽然制作活字工艺复杂，但以后排印书籍则十分方便。正是在这种启示下，毕昇发明了胶泥活字印刷技术，在胶泥片上刻字，一字一印，用火烧硬后，便成活字。活字印刷术具有一字多用、重复使用、印刷多且快、省时省力、节约材料等优点，比整版雕刻经济方便，是印刷技术史上的一次质的飞跃,对后世印刷术乃至世界文明的进步有着巨大而深远的影响。13世纪至19世纪,毕昇发明的活字印刷术传遍了全世界。

千百年来,毕昇的身份一直是个谜。直到1990年,湖北省英山县草盘地镇五桂墩村睡狮山麓出土了一方墓碑,经专家学者鉴定为毕昇墓。

毕昇塑像　张新安摄

庞安时：北宋医王

庞安时，自号蕲水道人，蕲水（今湖北浠水）人，被誉为"北宋医王"。

庞安时以善治伤寒名闻当世，苏轼曾赞其"精于伤寒，妙得长沙遗旨"，民间有"庞安时能与伤寒说话"之说。庞安时着意阐发温热病，主张把温病和伤寒区分开来，对中医外感病学而言是一大发展。

庞安时雕像（由汇图网提供）

庞安时出生于世代行医家庭，自幼聪明好学，读书过目不忘。取黄帝、扁鹊脉书研读，不久即通晓其说，并能阐发新义。后来庞安时因病耳聋，但他并未放弃行医，而是进一步钻研《灵枢》《太素》《甲乙经》等医书，经传百家与医药有关者，亦无不涉猎，融会贯通。年方20岁时，庞安时医名就传遍了江淮间。他性喜读书，即使寒暑疾病也手不释卷，一听说有医书出现，便购买阅读。

庞安时生平讲侠义，也爱斗鸡走狗、击球、博弈。他为人治病，不分贵贱，招待食宿，尊老慈幼，就像是病在自己身上一样；其中不治者，必定如实相告，不再治疗；病家持金来谢，也不尽取，其医德可称高尚。晚年，他参考诸家学说，结合亲身经验，撰成《伤寒总病论》六卷，对张仲景医学思想作了补充和发挥。

李时珍:"医圣"

李时珍(1518—1593),湖北蕲春人,明代著名医药学家,明朝廷敕封为"文林郎"。他出生在三代相传的医户人家,祖父是医生,其父李言闻是当地有名的医生,曾任太医史目。

李时珍自幼热爱医学,23岁随父学医,医名日盛。38岁时,因治好了富顺王朱厚焜儿子的病而医名大显,被武昌的楚王朱英裣聘为王府的"奉祠正",兼管良医所事务。1556年被推荐到太医院工作,授"太医院判"职务。三年后,又被推荐上京任太医院判。在行医过程中,李时珍注重研究药物,他发现四百年前的《本草经》差错遗漏很多:许多有用的药物没有记载;有些药物只记个名称,没有说明性状和生长情况;还有一些药物记错了药性和药效。他想,病人吃错了药,

李时珍陵园内的李时珍雕像

就会闹出人命来。于是，他萌生了重新修订《本草经》的念头。

李时珍先后到武当山、庐山、茅山、牛首山及湖广、安徽、河南、河北等地收集药物标本和处方，并拜渔人、樵夫、农民、车夫、药工、捕蛇者为师，参考历代医药等方面书籍925种，考古证今、穷究物理，记录上千万字札记，弄清许多疑难问题，历经27个寒暑，三易其稿，1578年完成了190余万字的巨著《本草纲目》，此外他对脉学及奇经八脉也有研究。著述有《奇经八脉考》《濒湖脉学》等。

相传湖北黄冈浠水三角山国家森林公园的"采药石""疗虎沟"就是李时珍当年采药留下的痕迹。李时珍陵园位于湖北省蕲州城东南面的雨湖之滨。

李四光：地质力学奠基人

李四光（1889—1971），原名李仲揆，湖北黄冈人，中国著名科学家，是中国地质力学的创立者，中国现代地球科学和地质工作的主要领导人和奠基人之一，新中国成立后第一批杰出的科学家和为新中国发展作出卓越贡献的元勋，2009年当选为"100位新中国成立以来感动中国人物"之一。

中国著名地质学家李四光

关于李四光名字的由来有则趣谈。1902年，李仲揆来到武昌报考高等小学堂，填写报名表时，可能是太紧张了，他误将年龄"十四"填在了姓名栏里。发现写错后，他因为家里穷，舍不得花钱再买一张表格，正在犯难，抬头看见前面大厅正中挂的横匾上有"光被四表"这四个字。他急中生智,将错写在姓名栏中的年龄"十四"中的"十"多加几笔变成"李",在"四"字后面加一"光"字,将自己的名字改为李四光。李四光这个名字后来便被载入中国乃至世界科学的史册。

李四光毕业于英国伯明翰大学,并获博士学位,历任中国科学院副院长、中科院古生物研究所所长、地质部部长等职。他是北京地质学院(中国地质大学的前身)的创建者之一,也是东北地质学院的首任院长。他的著作有《中国地质学》《地质力学概论》《地震地质》《天文、地质、古生物》等。李四光的一生,为中国甩掉"贫油"帽子、创立地质力学理论和中国"两弹"的研发作出了重大贡献。

李四光纪念馆位于湖北省黄冈市驰名中外的东坡赤壁风景区东侧、风景优美的龙王山南麓。

李济:中国考古学之父

李济(1896—1979),湖北钟祥郢中人,人类学家,被称为中国考古学之父。他1911年考入留美预科学校清华学堂;1918年官费留美,入麻省克拉克大学攻读心理学和社会学,并于当年改读人口学;1920年获得社会学硕士学位后,转入美国哈佛大学,读人类学专业,获哲学博士学位;1922年,李济哈佛大学毕业后返回祖国并受聘于清华大学,任国学研究院讲师。

著名人类学家李济(由中国图库提供)

1926年，仰韶文化遗址发掘便是由李济全面主持，而他也因此成为第一位挖掘考古遗址的中国学者。1930年，他主持济南龙山镇城子崖遗址发掘，让龙山文化呈现于世人面前。如今，仰韶文化和龙山文化已成为中国远古历史的标志性术语，许多对考古学一窍不通的人竟也耳熟能详。

1928—1937年，李济主持了河南安阳殷墟发掘，这次发掘不仅在国内外学术界引起轰动，而且使传说中的殷商文化变为信史，并由此将中国的历史向前推移了数百年。直至今日，它依旧被视为人类文明史上最重大的发掘之一。现今关于商代的知识很大程度上是由李济划定的。他领导的安阳发掘，对20世纪下半叶的中国考古学的发展起了决定性的影响，我国许多名扬天下的考古学家乃至考古学界的泰斗级人物如夏鼐等，都是在安阳接受的考古学训练。

作为现代意义上中国的第一位考古学家，李济个人的研究取向与成就对中国考古学产生了深远的影响。他坚持以第一手的材料作为立论依据，并主张考古遗物的分类应根据可定量的有形物品为基础。同时，他从文化人类学的观点诠释考古资料，并不以中国的地理范围限制中国考古学的研究问题。著名考古学家张光直曾说："就中国考古学而言，我们仍活在李济的时代。"

李济故宅位于湖北省钟祥市郢中镇双眼井附近。李济纪念馆位于钟祥新博物馆中。

朱光亚：中国科技众帅之帅

朱光亚（1924—2011），湖北武汉人，中国核科学事业的主要奠基人之一,吉林大学物理系创始人之一,"两弹一星功勋奖章"获得者,入选"感动中国2011年度人物",被誉为"中国工程科学界支柱性的科学家"和"中国科技众帅之帅"。

朱光亚

朱光亚1945年毕业于西南联合大学,1950年获美国密执安大学博士学位,1980年当选为中国科学院学部委员(院士),1991年任中国科协主席,1994年被选聘为首批中国工程院院士并任中国工程院院长、党组书记,1996年5月被推举为中国科协名誉主席,1997年后担任南京大学校友总会名誉董事长,1999年1月任总装备部科技委主任。2002年5月获南京大学"世纪校友学术成就金质奖章"。

我国原子弹和氢弹的许多关键技术正是在朱光亚的领导下被一步步攻克,原子弹、氢弹的历次试验也是在他的组织之下得以完成。朱光亚还相继组织实施了核电站筹建(如秦山核电站)、核燃料的生产以及放射性同位素应用等项目的研究开发计划,并参与了"863计划"的制定与实施,还为中国工程院的筹建工作立下汗马功劳。

2004年12月,为表彰朱光亚对我国科技事业特别是原子能科技事业发展作出的杰出贡献,国际小行星中心和国际小行星命名委员会批准将我国国家天文台发现的、国际编号为10388号的小行星正式命名为"朱光亚星"。

翰墨雄才

尹吉甫：中华诗祖

尹吉甫，姓兮，字伯吉父，房陵（今湖北十堰房县）人。据说是《诗经》的主要采集者，也是军事家、诗人、哲学家，被尊称为"中华诗祖"。

尹吉甫雕像

公元前828年，周宣王姬靖继位，选贤用能，国家兴旺，周室中兴。尹吉甫智力超群，博学多才，周宣王对他十分器重，他也对周宣王特别忠诚。周宣王封他为太师。当时北狁狁入侵宗周，进攻到了泾水北岸，形势相当吃紧。周宣王五年（公元前823年），尹吉甫奉命对狁狁进行反击并取得胜利，乘胜追击至平遥一带驻防。尹吉甫还曾奉命在成周一带征收南淮夷等族的贡赋。有一件很有名的青铜器兮甲盘，记载了尹吉甫征伐狁狁有功受赏及向淮夷征贡赋等事迹。《诗经·六月》比较详细地记载了尹吉甫伐狁狁之事。尹吉甫文武双全，文能治国，武能安邦。周宣王亲命大臣作诗为颂，"文武吉甫，天下为宪"。尹吉甫晚年被流放至房陵。他辅佐过三代帝王，后周幽王听信谗言，杀了他。不久，幽王知道错杀，便给他做了一个金头进行厚葬。为了防止盗墓，还修建了真真假假12座墓葬于今房县青峰山。

古房陵有与中华文明几乎同步的文明史,千里房陵的故土有着大量的尹吉甫的文化遗存。西周以后的封建王朝一直把尹吉甫推崇为"忠义"至尊的化身,后来他一直成为王公大臣们做人为官的典范。历朝历代官员不惜动用大量人力、物力、财力为尹吉甫在故地修建各种纪念性的庙宇等,在对其进行纪念的同时,更是为了启迪后人以他为"忠孝"的榜样。

尹吉甫和《诗经》密不可分。《诗经》中有专门的篇章用来对尹吉甫的功绩进行赞扬;部分篇章则是尹吉甫亲笔所作,如《大雅》中的《崧高》《烝民》《韩奕》《江汉》诸篇。

屈原:世界四大文化名人之一

屈原(约前340—约前278),战国时楚国诗人、政治家,出生于丹阳(今湖北宜昌秭归县),是楚武王熊通之子屈瑕的后代。他是我国伟大的爱国诗人和浪漫主义文学的奠基人,被誉为"辞赋之祖","楚辞"的创立者和代表者,开辟了以"香草美人"意象入诗的传统,中国诗歌也就此进入一个由集体歌唱到个人独唱的新时代。

屈原是个诗人,从他开始,才有了"楚辞"(也称"骚体")这种文体,中国浪漫主义文学就此产生。《楚辞》与《诗经》并称"风骚",对后世诗歌产生了深远影响,有"衣被词人,非一代也"之说。屈原笔下的《离骚》《九歌》《九章》《天问》等都成为不朽的传世名作。1953年,世界和平理事会通过决议,确定屈原为当年纪念的世界四大文化名人之一。

屈原也是楚国重要的政治家,早年曾在楚国任左徒、三间大夫，兼管内政外交大事。吴起之后，在楚国另一个主张变法的就是屈原。他提倡"美政"，主张对内举贤任能，修明法度，对外力主联齐抗秦。因遭贵族排挤毁谤，他被先后流放至汉北和沅湘流域。周赧王三十七年（公元前278年），秦国再次攻楚，占领郢都，楚顷襄王被迫迁都

屈原塑像

于陈（今河南淮阳）。消息传来，屈原重返郢都的希望彻底破灭，于是作诗篇《怀沙》，再次抒发忠贞爱国的情怀和"受命不迁"的崇高志节，倾诉了郁积于心头的苦闷，然后投汨罗江而死。人们将那一天定为端午节，用吃粽子、赛龙舟的方式来纪念他。

屈原故里文化旅游区位于湖北省宜昌市秭归县。屈原墓位于湖北省宜昌市秭归县凤凰山屈原故里景区内。

宋玉：风流儒雅辞赋家

宋玉，战国时期鄢（今湖北宜城）人，生于楚顷襄王时

期。作为为屈原弟子,宋玉同好辞赋,为屈原之后著名的辞赋家。相传他所作辞赋甚多,《汉书·艺文志》录其赋16篇,今多亡佚。"下里巴人""阳春白雪""曲高和寡""宋玉东墙"诸多典故皆因他而产生。

公元前223年,楚国为秦所灭,宋玉也于这一年死去。死后三日,他

宜城宋玉雕像

的学生和当地群众曾举行过一个简单的葬礼,并把棺材抬到浴溪河南岸与水汇合的一座小山下准备埋葬。忽然风云突变,狂风大作,暴雨倾盆而下,抬棺群众便奔向附近人家。雨止重返时,却见一个大坟堆呈现在面前。于是一个"菩萨天怜埋宋玉,忠魂永傍道水茔"的故事便流传开来。汉代初年,当地有识之士为宋玉立下一块石碑,题为"楚大夫宋玉之墓"。

鄢郢之宋玉墓,在今湖北宜城腊树园村中。清嘉庆年间重修墓碑,碑文中"阳春白雪千人废,暮雨朝云万古疑"等句,说的是郢中故事和宋玉侍奉楚襄王的事迹。今湖北钟祥还有"阳春白雪"巨碑和嘉靖皇帝之父兴献王亲制的《阳春台赋》汉白玉石巨碑。

孟浩然:山水田园诗派开创者

孟浩然(689—740),襄阳(今湖北襄阳)人,世称孟襄阳。因他未曾入仕,又被称作"孟山人",是著名的田园隐逸派和山水行旅派诗人。早年孟浩然隐居鹿门山,40岁时仍未考中进士,于是在江淮吴越漫游数年。后为荆州长史张九龄幕僚,

不久归隐。

孟浩然的诗很多都是五言绝句。因为他并未做官而是长期隐逸田园，淡泊名利，所以他的诗清新自然却又充满意境，虽不无愤世嫉俗之词，但更多属于诗人自我感情的抒发。李白很喜欢孟浩然的诗，

孟浩然画像

曾写诗说："吾爱孟夫子，风流天下闻。"传说孟浩然曾向玄宗献诗，诗中有"不才明主弃，多病故人疏"一句，玄宗不高兴地说："你又没有求仕，我哪里弃用你了，为什么要诬告我？"于是将孟浩然放归襄阳。

孟浩然墓在襄阳市襄城区东风林南麓。《湖北通志》记载，其墓在唐德宗年间被损坏，节度使樊泽"乃更为刻碑"并"封宠其墓"。清末孟浩然墓仅存土冢。

孟浩然纪念馆于2003年新建，位于襄阳市鹿门山。鹿门山上有座鹿门寺。据当地县志记载，东汉光武帝与近臣在此梦见神庙，遂建寺纪念。孟浩然当时就隐居于此。在鹿门寺后200米远的山腰处有一口八角井，又称"八卦井"。无论天干地旱多么严重，井中之水始终保持一样的水位，实在神奇。民间传说孟浩然就是常饮此泉，又接山中灵气，才有盖世之

襄阳孟浩然纪念馆

诗情。

李白：流连荆楚之诗仙

李白（701—762），唐代伟大的浪漫主义诗人，被誉为"诗仙"。有《李太白集》传世，其代表作有《望庐山瀑布》《蜀道难》《将进酒》等。李白所作诗篇，就其开创意义及其艺术成就而言，享有极为崇高的地位。

唐玄宗开元年间，27岁的李白"仗剑去国，辞亲远游"来到湖北安

李白像

白兆山李白故里纪念馆

陆，自称"酒隐安陆，蹉跎十年"。在这里，他同前宰相许圉师的孙女成婚，生育了一双儿女。10年期间，他以安陆为中心，西入长安，东游吴越，南泛洞庭，北抵太原，写下了100余首脍炙人口的作品。安陆由此成为诗人李白的第二故乡。安陆人民为了纪念李白，自晚唐以来即在城西建有太白楼。然而，这些遗址遗迹最终都在战火硝烟和沧桑岁月中消逝，为后人留下深深的遗憾。

湖北安陆的白兆山得名始自南北朝时期的北周。李白"酒隐安陆"期间同许氏婚后居住于白兆山下，写下《山中问答》《春夜宴从弟桃花园序》《安陆白兆山桃花岩寄刘侍御绾》等篇章。该山距大安山（李白妇翁许家旧宅）约5公里。山的西南麓现有桃花岩、白兆寺、李白读书台、太白堂、绀珠泉、洗脚池、洗笔池、长庚书院，山顶有银杏树等与李白有关的遗址、遗迹。

李白纪念馆位于国家 4A 级旅游景区白兆山。

寇凖：亲民报国官员诗人

寇凖（961—1023），北宋政治家、诗人，太平兴国进士，授大理评事，知归州巴东县。历同知枢密院事、参知政事。后两度入相，一任枢密使，出为使相。他是历事太宗、真宗、仁宗三朝的元老，杰出的"官员作家"，与白居易、张仁愿并称"渭南三贤"。后人多称其为"寇忠愍""寇莱公""寇巴东"。

寇凖像

寇凖 19 岁入仕，授大理评事，20 岁时外放任巴东县令，深得巴东人民的爱戴。寇凖来巴东做县令时，巴东是穷乡僻壤，人烟稀少，当地百姓多以狩猎为生。青年寇凖跋山涉水，了解民情；登岩攀崖，遍访农户；上奏朝廷，请求减轻农民赋税；以身示范，劝农稼穑；清廉勤政，秉公执法。不到半年，巴东政通人和、社会安定，百姓安居乐业、农商兴旺。

为劝说巴东百姓弃猎务农，寇凖在城郊选了块田地亲自耕种，并教导当地百姓栽种谷物桑麻，垒池蓄水浇灌农田。他在田地路边建了座亭子，派人在亭中推广外地先进的农耕技术。他离开巴东后，人们就把这个亭子称作"劝农亭"。寇凖"劝农"施政后，巴东一度出现"无旷土，无游民"的好景象。湖北省巴东县野三关镇，至今还留有"劝农亭"遗址。

巴东县衙前，寇凖曾栽有双柏，以示为官清正、高洁守操。他还特意请人铸造了一只大铁权置于巴东公堂之下，以示民情重大、处事公平。不知哪年火灾，重建县衙时，将铁权移至黄桷树下。巴东县信陵镇后来有民间传说，寇公将铁权移至黄桷树下，是为了平衡江水中的秤杆石。秤杆石的秤杆头朝江心，秤杆尾朝岸上，江水漫过石顶，会在此翻起麻花浪。舟船过往，常在此触礁遇险。传说寇公做县令时，曾梦见神人提示，可用巨石凿一秤砣，放在城内的大黄桷树下，调整风水的不平衡，减少行船祸灾。寇公照梦中所行，果然从此秤杆石再未发祸端。

巴东城还建有一座秋风亭，寇準经常在这个地方吟诗作赋，与人谈笑风生。他就任宰相后，秋风亭的名气越来越大。历届巴东县令认为此乃吉祥之处，上任前必到秋风亭饮酒赋诗，留宿一夜，祈求官运亨通。来巴东的文人雅士也必到秋风亭思古寻幽、吟诗作画，苏轼、苏辙、陆游及后代名士多

巴东秋风亭

有凭吊佳篇。

寇準善诗能文,七绝尤有韵味,有《寇忠愍诗集》三卷传世。作为一名亲民报国的"官员诗人",他的诗作充溢着一代清官的高风亮节与远大志趣。寇準在巴东任职3年,创作大丰收,仅《巴东集》里就收录400多首诗作,大多歌颂巴东民俗风光。他在秋风亭作了一首诗《春日登楼怀归》,成为流传千古的佳作。

欧阳修:文坛领袖

欧阳修(1007—1072),字永叔,号醉翁、六一居士,北宋政治家、文学家,且在政治上负有盛名。他官至翰林学士、枢密副使、参知政事,谥号文忠,世称欧阳文忠公。累赠太师、楚国公。与韩愈、柳宗元和苏轼合称"千古文章四大家"。与韩愈、柳宗元、苏轼、苏洵、苏辙、王安石、曾巩被世人并称为"唐宋八大家"。

欧阳修像

欧阳修在宋代文学史上具有开风气之先的重要作用,他曾力主进行诗文革新,对韩愈的"志在古道"理论进行极大的发展,对北宋乃至中国古代文学的发展作出了巨大贡献。欧阳修在变革文风的同时,也对诗风词风进行了革新。在史学方面,他也有较高成就。

1036年,朝廷大臣范仲淹由于直言谏事被贬,身为宣德郎的欧阳修为之鸣不平,因此被贬夷陵县令(今湖北省宜昌市)。文坛领袖欧阳修虽被贬为夷陵县令,但"为政风流",在此留下《原弊》《本论》《春秋论》《易或问》《明用》《易童子问》等名篇,并完成了《新五代史》的撰稿工作。《欧阳文忠公全集》700余篇诗文中,直接涉及夷陵的达100篇以上,占全集篇目的20%左右。

欧阳修为神奇秀美的夷陵山川名胜所吸引,常或与峡州判官丁元珍等友人出游,或独自前往,遍游夷陵的古寺、奇洞、清溪、名峡,写景抒情,情景交融,留下不朽的佳篇。如《夷陵九咏》《黄杨树子赋》《夷陵县至喜堂记》《峡州至喜亭记》等作品,是夷陵乃至中华民族文学宝库中的一笔珍贵的遗产。宜昌市三游洞中尚存他于1037年留下的题名刻石,具有极高的历史价值、文物价值和观赏价值。

苏东坡:千古风流人物

苏轼(1037—1101),号东坡居士,世称苏东坡。他是宋代文学艺术最高成就的代表。其诗题材广阔,清新豪健,善用夸张比喻,独具风格,与黄庭坚并称"苏黄";其词开豪放一派,与辛弃疾同是豪放派代表,并称"苏辛";其散文著述宏富,豪放自如,与欧阳修并称"欧苏",为"唐宋八大家"之一;苏轼亦善书,为"宋四家"之一;他工于画,尤擅墨竹、怪石、枯木等。有《东坡七集》《东坡易传》《东坡乐府》等传世。

苏轼因乌台诗案被降为黄州(今湖北黄冈)团练副使。初到黄州的苏东坡寄居在定惠院,在此期间,他与安国寺继连和尚交往甚密,每隔一月就到安国寺澡堂洗头洗澡。苏东坡希望通过洗头洗澡洗净身上的污秽，从而洗尽人世间的荣辱。寓居定惠院的苏东坡因家眷20多人的到来而迁居临皋亭。成为千古绝唱的赤壁二赋一词，就是在临皋亭诞生的。

谪居黄州刚好一年时，苏东坡因薪俸断绝，生活日益艰辛。太守徐君猷体谅苏东坡的艰难，将一块废弃的军营地无偿交给他使用。废弃军营地因其东低西高，黄州人将其称之为"东坡"。当年大旱，苏东坡饱尝开荒种地的艰辛，为了永

东坡遗风　许卫东摄

远记住这一段刻骨铭心的岁月,他为自己取了一个别号,这就是"东坡居士"。

苏东坡在东坡的高处建造了5间茅草房,自以为这才是平生最为得意之所,自题门额谓之"东坡雪堂"。不朽名篇《雪堂记》便是因此而作。从临皋亭到东坡躬耕,途中有一段路叫黄泥坂。苏东坡每天行走在黄泥坂上,感慨颇多。《黄泥坂词》即为此所作。淮南使蔡景繁巡视黄州,当他亲眼看见苏东坡因自己的到来侨寓他宅的难堪之景时,出于关照之情,叮嘱黄州官员给苏东坡单独建造几间房子。苏东坡于欣喜中将其命名为"南堂"。

苏东坡到黄州的当年,曾在天庆观斋居49天。他还常到乾明寺、承天寺去焚香默坐。赤壁、东城南堂、聚宝山、徐公洞、四望亭、涵晖楼、君子泉、柯山、春草亭等都是他经常游玩的地方,并留下了无数千古流传之作。

米芾:书画学博士

米芾(1051—1107),祖籍山西,迁居湖北襄阳,后定居润州,北宋书法家、画家,曾任校书郎、书画博士、礼部员外郎。米芾能诗文、擅书画、精鉴别,与蔡襄、苏轼、黄庭坚被合称为"宋代四大书法家"。他的个性十分古怪,常常对石头称兄道弟并表示崇拜,行为举止不同于常人,因此有"米颠"之称。后人也称他为"米襄阳""米南宫"。

米芾生活的时代,文人画已经发展得相当成熟,绘画的选题来源十分广泛,人物、山水、松石、梅、兰、竹、菊都可以作为绘画题材。他在山水画上成就最大,但他不喜欢危峰高耸、层峦叠嶂的北方山水，更欣赏的是江南水乡瞬息万变的"烟云雾景"，是"天真平淡""不装巧趣"的风貌。所以他在艺术风格上追求的是自然。他所创造的"米氏云山"都是信笔作来，烟云掩映。

在书法上，米芾也颇有造诣，擅长篆、隶、楷、行、草等书体，成就以行书为最大，临摹古人书法达到乱真程度。他的主要书法作品有《多景楼诗帖》《虹县诗帖》《拜中岳命作帖》等。南宋以后的许多著名汇帖都以他的书法篆刻而成，并且产生了很大的影响。康有为曾说："唐言结构，宋尚意趣。"意为宋代书法家讲求意趣和个性，而米芾在这方面尤其突出。米芾习书，自称"集古字"，虽有人以为笑柄，但这恰恰是米氏书法最大的成功之处。根据米芾自述，在听从苏东坡之言

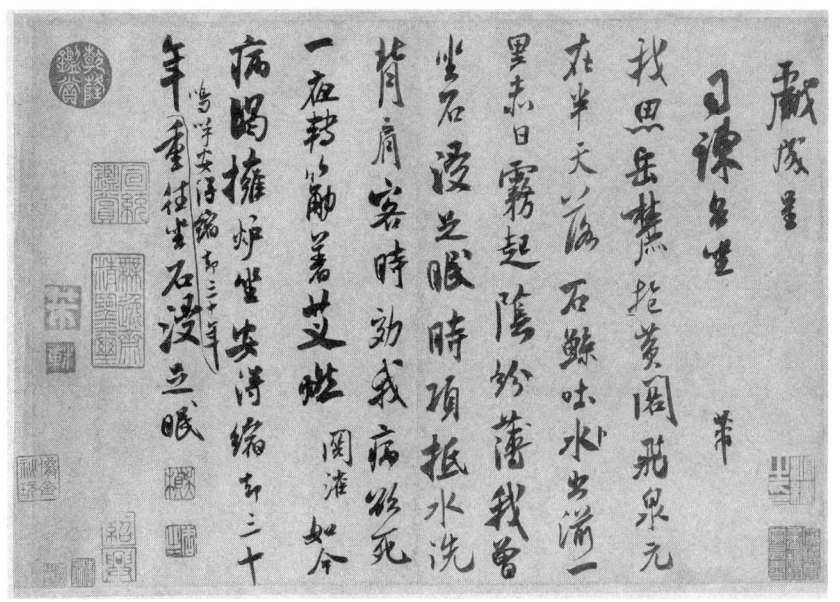

米芾书法

学习晋代书法以前,他受颜真卿、欧阳询、褚遂良、沈传师、段季展五位唐人的影响最深。

米芾纪念馆(米公祠)位于湖北襄阳樊城区沿江路西段,原名米家庵。

公安三袁:开宗立派文坛三兄弟

公安三袁,即明代晚期三位袁姓的散文家兄弟,他们分别是袁宗道、袁宏道、袁中道。由于三袁是荆州公安县长安里(今属湖北荆州)人,其文学流派世称"公安派"或"公安体"。

袁宗道(1560—1600),公安派的发起者和领袖之一。他在文学上既反对模拟复古,又注重学习前人"古文贵达"的精神,先后发表

公安三袁塑像

《论文》上下两篇,在中国文学史上起过重要的作用,至今仍有一定的进步意义。万历二十六年(1598年),三袁共同发起"蒲桃社",开展吟诗撰文、抨击"七子"的活动。著有《白苏斋集》22卷行世。

袁宏道(1568—1610),公安派主帅。他在山水游记方面具有很高的造诣,其作品清新自然而又自成体系。他曾写下《虎丘记》《晚游六桥待月记》《满井游记》《徐文长传》等名篇。

袁宏道以"独抒性灵，不拘格套"作为文学信条。后人将其全部诗文编为《袁中郎全集》行世。

袁中道（1570—1624），公安派领袖之一。他以豪杰自命，为人坦率磊落，遍交天下朋友，对老庄和佛教经典十分入迷。他系统地整理、校对、出版了两胞兄及自己的著作，使"三袁"的作品及其文风发扬光大。他的著作有《珂雪斋集》《游居柿录》等。

荆州公安孟家溪镇东2公里处的桂花台，是三袁的家乡。三袁故里为公安八景之一，有桂花台、摆脚堰、柳浪遗址、袁宗道与袁中道的合葬墓，是历代文人墨客凭吊"三袁"的理想场所。

钟惺、谭元春：竟陵派创始人

钟惺（1574—1624）和谭元春（1586—1637）都是湖广竟陵（今湖北天门）人，他们同为明代文学家，是"竟陵派"的创始人。

钟惺出身于书香门第，撰有《史怀》一书，评论古史，"多所发明，有古贤所不逮者"。天启初年，钟惺升任福建提学佥事，他在闽中仍倡幽峭诗风，并且参以禅旨，令人深感莫测高深，有"诗妖"之名。他与同里谭元春评选唐人诗，作《唐诗归》；又对隋之前的诗进行评选，作《古诗归》，名扬一时，形成"竟陵派"，世称他们为"钟谭"。后人将他的诗文辑为《隐秀轩集》。

谭元春在文学创作上深受钟惺的启发，两人具有十分类似的文学主张。其论文重视性灵，反对摹古，提倡幽深孤峭

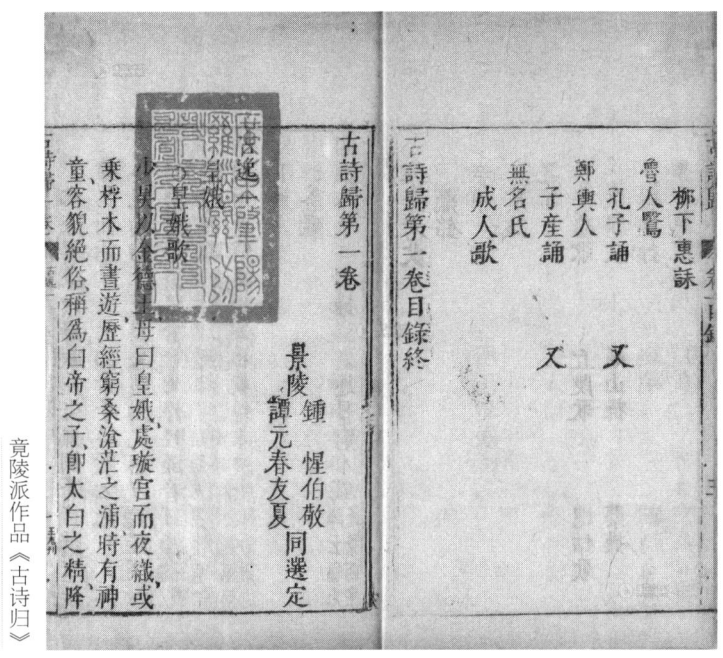

竟陵派作品《古诗归》

的风格，所作亦流于僻奥冷涩，有《谭友夏合集》。他提倡诗文抒写性灵，反对拟古文风，提出："法不前定，以笔所至为法"，"词不准古，以情所迫为词"。

钟惺去世后葬于天门县城南鲁家畈（今天门李场公社），墓碑尚存。明清时，县内立有"钟谭合祠"，坊题"天下文章"。

余三胜：京剧界祖师爷

余三胜（1802—1866），湖北黄冈人，幼学汉戏，工老生，后改唱京剧。清朝嘉庆末年赴天津加入"群雅轩"票房。道光初年入北京，隶"春台班"，至道光中期，蜚声梨园，是国粹"京剧"创始人之一。他是道光、咸丰年间名噪一时的"老生三杰"和"梨园三鼎甲"之一。

余三胜文武兼长,富于创新。在徽调汉剧合流形成京剧的过程中,他首先将汉调皮簧和徽调皮簧相结合,并吸收昆曲梆子的演唱特点,创作皮黄唱腔;又揉西皮、二黄、花腔为一体,创制二黄反调。在念白上,他将汉调基本语音与京、徽语音相结合。因他善于以唱腔表达人物的思想感情,并把青衣小腔融于老生唱腔之中,形成独特的风格,故为后辈所仿效。《都门杂咏》有诗云:"时尚黄腔似喊雷,当年昆弋话无媒,而今倚重余三胜,年少争传张二奎。"

京剧祖师余三胜

余三胜是京剧早期重要的奠基人,同时也是京剧人才的培养者。他奠定了徽剧以生为主的基础,力主对皮黄声腔曲调进行创造性改造,对京剧语言进行了以"湖广音""中州韵"为基础的改造,后来其子孙承祖业,使"汉派"成为京剧主流。

谭鑫培:京剧界鼻祖

谭鑫培(1847—1917),湖北武汉人,其父谭志道,工老旦兼老生。他曾师事程长庚、余三胜,并向张二奎、卢胜奎、王九龄问艺,博采众长化为己有,终成一家,与汪桂芬、孙菊仙被誉为"新三鼎甲",成为京剧发展过程中老生流派——谭派的创始人。光绪年间,他与孙秀华、陈德霖、罗寿山4人被选入升平署进宫承差,宫内艺名为谭金培。

谭鑫培对京剧老生表演的创新与发展,在京剧史上起到了继往开来的作用。他开创的谭派,是我国传统戏曲表演艺术的典型代表。许多京剧老生都以"谭派"自称,这正是对其地位的肯定。谭鑫培以毕生的心血和精力,全面地继承和发展了民族传统的戏曲艺术。从他开始,老生艺术进一步走向规范化、体系化,基本奠定了京剧的格局。

谭鑫培《定军山》剧照

他在60余年的演剧生活中,上至宫廷王府,下至乡镇村野,

武汉市江夏区谭鑫培公园

占领过当时中国各式各样的舞台,赢得了各个层次的观众。他出色地传承了前辈程长庚、余三胜等徽派、汉派京剧艺术的精华,文武兼擅,昆乱不挡,唱念做打全方位发展,并且开"韵味派"之先河,使京剧逐渐趋入精美的境界。

谭鑫培公园位于武汉市江夏区纸坊城区以北。

闻一多:爱国民主斗士

闻一多(1899—1946),湖北黄冈人,是坚定的爱国民主战士,民主同盟早期领导人,中国共产党的挚友,新月派代表诗人和学者。

闻一多曾经在清华大学留美预备学校学习,并陆续在《清华周刊》发表了系列读书笔记。1925年3月留美期间,他创作了《七子之歌》。随后出版了自己的第二部诗集《死水》。1932年闻一多回到阔别已久的母校清华大学并任中文系教授。1946年7月15日他在云南昆明被国民党特务暗杀。

闻一多不仅是伟大的诗人,也是一位杰出的学者,他是

闻一多纪念馆壁画《红烛序曲》　　李毅摄

五四运动之后非常杰出的作家。他在创建格律体时，提出了"三美"的具体主张：诗的实力除了音乐美和绘画美，还有建筑美。闻一多博学多才，除新诗与古文学研究外，在美术、戏剧、书法、篆刻等方面也有相当高深的造诣。

　　闻一多热爱祖国，爱国主义如同一条红线贯穿他的一生，最后把他引向社会主义、共产主义。他一生的道路是曲折的，也曾经有过迷茫、失误与苦闷，但是经过深思和中国共产党的关怀与帮助，终于找到了真理，而一经找到了真理，他便义无反顾，不屈不挠，勇往直前，为实现真理而英勇奋斗，直至献出自己宝贵的生命。

　　闻一多纪念馆位于湖北省黄冈市凤栖山麓的清泉寺遗址上。

曹禺：戏剧泰斗

　　曹禺（1910—1996），祖籍湖北潜江，中国现代话剧史上成就最高的剧作家，被称为"中国的莎士比亚"。

　　曹禺自小随继母辗转各个戏院听曲观戏，故而从小便在心中种下了戏剧的种子。他的作品有《雷雨》《日出》《原野》《北京人》等。这些作品是中国现代话剧艺术走向成熟的重要标志。他把欧洲近代戏剧的写作技巧运用于中国的话剧创作，表现中国社会现实；他塑造了许多鲜明独特的人物形象，特别是女性形象；他使剧本富于激情和诗意，特别是他创作的悲剧，震人心魄，发人深省；他还把生活中的口语加工成文学语言，使对话艺术趋向完美，在使剧本同时具有可读性和可演性等方面，也取得了重大的成就。

作为卓越的戏剧教育家，曹禺为推动我国文学艺术事业和戏剧事业的繁荣发展建立了不朽功勋。1936—1941年，曹禺在中国第一所剧校任教6年，为我国培养了一批又一批戏剧专门人才。新中国成立后，曹禺长期兼任中央戏剧学院负责人，一直关心中戏的教育与建设，热情鼓励和支持艺术学子的追求和创新。

曹禺故居也是曹禺纪念馆，位于湖北省潜江市园林城区曹禺公园内。

曹禺祖居博物馆

李贽：泰州学派一代宗师

李贽（1527—1602），明代著名的思想家和文学家，泰州学派的重要代表人物，历任共城教谕、国子监博士，万历中为姚安知府。随后弃官，寓居湖北麻城芝佛院。他在麻城讲学时，从者数千人。晚年被诬下狱，最终自刎而死。

李贽是明末异端思想的主要代表人物之一。他对商业发展十分重视，倡导个人要追逐私利，这迎合

李贽像

了明朝中后期商品经济发展的社会需求，顺应了时代潮流。其重要著作有《藏书》《续藏书》《楚书》《续焚书》《史纲评委》，他还批点了《水浒传》《西厢记》《拜月亭》等。《藏书》是他最重要的代表作，一度成为禁书，在当时被指责为异端，却引起极大的反响。

1581年，对官场失望的李贽辞职后来到湖北，成为朋友耿定理的家庭教师。在这期间，他在麻城多次进行讲学，针砭时弊，男女老幼都前往听讲，李贽受到民众的热烈欢迎。

1584年，耿定理去世后，李贽移居麻城。第二年他派人将家眷送回泉州，自己一人住在麻城芝佛院，致力于读书、讲学和著述，历十多年完成《初潭集》《焚书》等著作。在这期间，李贽勇敢地揭露道学家们的伪善面目，反对以孔子的是非观为是非标准，批判的锋芒直指宋代大理学家周敦颐、

程颢、张载、朱熹。他对理学家的批判鞭辟入里，丝毫不留情面，在当时引起极大的轰动。

　　1588年，李贽剃头以示与鄙俗断绝。这对传统思想造成了强烈的冲击，被当地的保守势力视为"异端""邪说"，群起围攻，要把他驱逐出境。李贽旗帜鲜明地宣称其著作是"离经叛道之作"，表示自己头可断而身不可辱，表现出视死如归的英雄气概。

第五节 佛道缘

身在世外,心有家国。
遨游林泉,普度众生。

道教大师

老莱子:道学先祖

老莱子,楚国人,春秋时期道学先祖之一。他著书立说,传授门徒,宣扬道家思想,为中国"二十四孝"人物之首。

老莱子是发端于春秋时期的道家学派的另一位创始人。他对老子的思想进行进一步继承和发展,在自己独特理解的基础上,写成集中反映其道家思想的《老莱子》。后世提起道家思想,对《老子》是耳熟能详甚至妇孺皆知,然而对这位与老聃同时代的另一位代表人物老莱子的思想却并不知晓。

老莱子是湖北省荆门市历史上第一位文化名人。《史记·老子韩非列传》载:"老莱子亦楚人也,著书十五篇,言道家之用,与孔子同时云。"老莱子以"孝""隐"著称于世,为后世流传的"二十四孝"之首;作为春秋晚期的思想家,他以"言道家之用"奠定了中国天道伦理观的哲学基础,对中国哲学思想的发展产生了深远影响。

公元前489年,孔子受困于陈、蔡,楚昭王迎孔子来楚国。

荆门老莱子雕像

孔子外出，遇见老莱子的弟子。弟子返家，告诉老莱子。老莱子说："是丘也，召而来。"于是孔子虚心向老莱子询问辅助国君之良策。他要孔子改变那种志在经营四海、因贤能自负的态度。谈话中他流露出戒除骄矜、淡泊名利、忘却好恶、顺乎自然的思想主张。他的观点多为各国名家策士摘引。

老莱子不愿受人官禄、为人所制，故而隐居山林。楚惠王在位时发生"白公胜之乱"，继而陈国南侵，为避乱世，他携妻子逃至距纪南城百余里的蒙山之阳。据说老莱子隐居蒙山时，一位书生向老莱子请教《周易》，得到他的指点后，书生得入道门。因天地大道玄之又玄，书生与墨为友，故自称"玄墨道人"，玄墨派由此而来。楚惠王曾经亲自迎请老莱子出山辅政，但没有成功。为了谢绝楚王的邀请，老莱子向更僻远的南方迁徙，因此后来世人不知其隐居何处，葬于何方。

张三丰：武当派开山祖师

张三丰，武当派开山祖师，明英宗赐号"通微显化真人"，明宪宗封其为"韬光尚志真仙"，明世宗赠封他为"清虚元妙真君"。

张三丰于明朝初年入武当山，拜真武大帝于天柱峰，并在展旗峰北陲卜地结草庐，供奉玄帝香火，另在黄土城卜地结草庵，名"会仙馆"。他曾经对山中耆旧说："吾山异日与今日大有不同矣。"后来，明太宗果然大修武当山，封武当山为五岳之首，曰"大岳"。

武当太极　邓丽芬摄

明太宗朱棣入继大统，非常想把民间影响很大的"真仙"张三丰"延请诣朝"，多次派人寻访。久寻不见，于是下旨在武当山专为张三丰建"遇真宫"，塑铜像供人朝拜，并派官员洒扫。至高无上的皇帝为一名武当道士专门建庙礼奉，这在中国道教史上是极为罕见的。

武当道教炼丹术源远流长，尤讲内丹。内丹是利用呼吸吐纳之功法，炼气为丹，以达到强身健体、长寿延年的效果。张三丰内丹造诣深厚，他在《大道歌》中称"未炼还丹先炼性，未修大药先修心，心定自然丹信至，性情然后药材生"，形象地描述了内丹由炼化精气、金液还丹、采药封固的形成过程。张三丰内丹著作甚丰，《金丹要旨》《金丹秘诀》《金液还丹歌》等明代即已刊行。后人编有《张三丰先生全集》共8卷。

张三丰不仅内丹造诣甚深，而且武功高强，兼擅拳剑。他以"道法自然""守柔处雌"为指导思想，把道家内丹、养生导引、武术拳法、军事兵法等加以糅合、编创和演化，对其进行集大成的创造，形成了以内丹为体、技击为用，养生为首、防身为要，以柔克刚、以静制动、借力打力、后发制人等具有独特功理功法、运动体系和形式的武当内家拳。明清以后武林多称张三丰为武当内家拳、太极拳创始人。经历代宗师的继承发展，武当武术成为中华武林中的重要流派，并逐渐在民间广泛传播，影响深远。

传说张三丰归隐武当，人称"隐仙"。武当山至今仍流传着张三丰观"鸟蛇斗"创造内家拳的故事。传说中张三丰在"邋遢崖"看见一只鸟与一条蛇打斗，鸟凭借着飞行的技巧上下击打长蛇，蛇却凭借身体轻巧的特点来回摇闪，鸟最终也没有击中蛇。相持的时间久了，鸟已精疲力竭，无可奈何地飞走了，长蛇也自由自在地钻进了草丛。张三丰从这个现象中得出结论：以柔克刚、以静制动可以发挥巨大的效果。在此基础上，他潜心总结，终于创造出影响深远的内家拳。他创立的内家拳技，诸如太极拳、八卦拳、形意拳、五行拳、纯阳拳、混元拳、玄武棍等的命名和路数都是从道教经书中演绎引申而来的。内家拳内部在长期的发展过程中逐渐形成很多的分支，但无论哪一流派都以张三丰为祖师。

李光富：中国道教协会会长

李光富，湖北省十堰市郧县人，现任中国道教协会会长、十堰市政协副主席、第十一届全国政协委员、湖北省道家协会名誉会长、武当山道教协会会长、武当道教功夫团团长。

1955年8月，李光富生于务农之家，家在武当山下汉水之滨的郧阳古城城郊。20世纪70年代，李光富初中毕业后在郧县从事林业技术工作。由于自幼深受武当山道教文化的影响，1984年6月，怀着一颗对道教的虔诚之心，他徒步登上武当山，皈依武当全真教龙门派。1987年8月，在武当山道协第二届理事会上，李光富道长当选为武当山道教协会副会长，走上了弘扬武当山道教事业的领导岗位。

20世纪80年代以来，武当山道协前任会长王光德历尽千辛万苦筹措资金4000多万元，对所管理的紫霄宫、太和宫、五龙宫、青徽宫、琼台观等宗教活动场所的殿堂、丹室、云房、墙垣、神龛等进行了不同程度的修缮，不仅使武当山的古建筑得到了有效的保护，使濒临坍塌的历史文化遗产重焕生机和光彩，也从根本上改善了武当山作为天下名山的旅游环境，为 1999 年武当山列入世界文化遗产名录作出了贡献。这其中也浸透了李光富会长和武当山道教信士很多的心血和汗水。

李光富担任会长后，更加严格地要求自己，认真贯彻落实党和国家的宗教法规政策，带领全体道众坚决维护人民利益，维护国家统一，维护民族团结，妥善处理爱国爱教与社会建设的相互关系。李光富在搞好教务活动和文物保护方面作出了突出贡献，受到了各级党、政部门的表彰。在做好接待、维护、服务的前提下，他还主持完成了紫霄宫两座御碑亭的加顶、彩绘、复原工作，完成了琼台中观三清殿的主体修建工程及紫霄宫十方堂翻修的前期准备工作。同时，武当山道教的内部刊物《武当道教》也在他的努力下创刊，对武当山道协的宣传和发扬光大具有十分重要的作用。对此，李光富会长认为"修炼不是一句空话，而是行动"。

佛教大师

释道安：印度佛教中国化的第一人

释道安（312—385），常山扶柳人，卫氏望族出身，是一个地道的炎黄子孙。他 7 岁上学，学习《诗》《书》《易》《礼记》《春秋》等儒家书籍；12 岁出家为僧，学习印度佛理；53 岁南下湖北省襄阳市，在襄阳研究佛学 15 年，颇有建树，成为东晋时期的佛教学者、佛教领袖。释道安最突出的贡献，是用中国传统文化解释外来文化，做到"洋为中用"。

冉闵之乱时，生灵涂炭。道安率领众人来到陆浑，住在深山里，食野果，饮溪水，生活条件极差，但他仍然坚持修学不已。没过多久，慕容儁率军逼近陆浑，道安只好再次南下襄阳。道安到达襄阳后，继续宣扬佛法。当时，在佛教刚传入中国时翻译的一批经书已流传很久了，但是传经人的姓名、年代，人们却大多说不清楚，后人考证也少有结果。而且这些译本中有很多错误，道安感到这些经书中有许多精髓

释道安雕塑

还没有被人理解。于是道安开始编纂经书的总集名目，标明传经人的情况，排列年代时序，结集为《综理众经目录》一书。此书一出，各地的学道者纷纷前来拜师学习。

道安在襄阳一带住了15年，每年都多次讲说《放光波若经》。东晋孝武帝非常钦佩道安的德行，派使者前往问候，并下诏书，嘉奖道安的学识功绩、道德风范。前秦苻坚也是很早便听说过道安的大名，常常说："襄阳有个高僧道安，是个非凡的人物，我想让他到我们这边来，让他辅佐朕。"苻坚攻占襄阳后，派人将道安等人送到长安。到长安后，道安住在五重寺弘扬佛法，教化民众，僧众多达数千人。道安除钻研佛典、讲经说法外，还组织外国僧人翻译经典，译出《增一阿含经》《三法度经》《阿毗昙八犍度论》《毗昙心论》《摩诃钵罗蜜经抄》等上百卷共百余万字的佛经。他为《般若道行》

《密迹》《安般》等经书作注时,认真解读每一句话、每一个字,解决了很多疑难问题,挖掘出许多潜藏的含义,妙尽深旨,文理会通,使经书的内容更加明白准确,具有开先河之功。

道信:佛教禅宗四祖

禅宗四祖道信(580—651),俗姓司马,生于永宁县(今湖北省武穴市)。

道信被三祖授以衣钵后,在黄梅正觉寺传经讲法。唐太

四祖寺全景　徐华摄

宗李世民慕其名，多次派使者迎其入宫，道信坚辞不去。644年道信传法于弘忍（禅宗五祖），652年于双峰山坐化。后唐代宗赠谥号"大医禅师"，泰定元年（1324年）时加号"妙智正觉禅师"。道信是中国历代僧人中第一个被皇帝评价为既通佛学又通医学的一代高僧。

　　道信的禅修理论和方法，为"东山法门"的创立奠定了重要基础，而且包含了往后禅宗多向发展的端绪。道信是禅宗发展史上的里程碑式人物，他开启了中国禅宗兴盛的大门。道信在双峰山提倡农禅并重、自食其力，这在佛教史上是一项伟大创举。这一创举，不仅解决了徒众的生存问题，为徒众的稳定和发展奠定了基础，而且有助于养成僧侣的劳动习惯，弱化对社会的依赖意识，减轻百姓的经济负担，因而在佛教史上具有积极意义。"择地开居"是对佛教"游化为务"传统的极大发展，道信主动带领僧众进入双峰山定居传法，"诸州学道无远不至"，甚至出现了门徒达500余人的盛况。

　　595年，皇帝的母亲得了重病，朝中所有太医都无法医治。皇帝为了拯救母亲的命，命令全国各地张贴皇榜。声称有谁能治好国母的病，可官升三级、赏银万两。当时居住黄州府广济县安乐乡景和村响水口（即今湖北省武穴市余川镇）的道信禅师看到皇榜后，就在十里村吕凹河里、吕凹背后山上采挖菖蒲、田三七、五加皮等药材制成中药，托人送到京城，治好了皇帝母亲的病。后来，皇帝封道信为国师，但道信不为官、不为利，愿在余川镇十里村修行，并未进入皇宫，也不要皇帝赐的万两银子，皇帝为感谢道信，亲自封道信四祖为大医禅师。

传说多年以前，有一次余川镇从外地来了一群强盗，手拿着雪白的刀，白日里到老百姓家里抢劫财物，道信得知此事，马上找到强盗头目，与他谈判。哪知强盗头目不但不讲理，反而拿起刀要杀道信。道信见状，马上用气功法术点了强盗头目的穴位，使之动弹不得，那一群18个强盗见势不妙都狼狈而逃，再不敢在当地危害百姓。后来这18个强盗到十里四祖殿来忏悔，在道信的劝说下，这18个强盗都落发修成正果，成了四祖殿十八罗汉。

弘忍：东山法门开创者

弘忍（601—674），浔阳（今江西九江）人，一说为蕲州黄梅（今湖北黄梅西北）人。弘忍作为东山法门的开创者，被尊为禅宗五祖。674年弘忍入寂，终年74岁，唐代宗赠谥号为"大满禅师"。

弘忍7岁时，被尊为禅宗四祖的道信所遇见，道信叹曰："此非凡童也，苟预法流，二十年后，必大作佛事。"于是就派人跟随他回家，征求他家长的意见，能否让他出家作为道信的弟子。他的家长欣然同意，并说："禅师佛法大龙，光被远迩。缁门俊秀，归者如云。岂伊小骇，那堪击训？若重虚受，因无留吝。"这样，弘忍就被带到了道信主持的双峰山（又名"破头山"）道场。13岁时，弘忍正式披剃为沙弥。他生性勤勉，白天劳动，晚间习禅。道信圆寂后，弘忍继任双峰山法席，领众修行。其后，参学的人日见增多，他于双峰山东冯茂山另建道场，取名东山寺，安单接众。于是其禅法也被称为"东山法门"。后世称他为禅宗五祖。

弘忍继承了道信的思想，依《楞伽经》以心法为宗，依《文殊师利所说摩诃般若波罗蜜经》，提倡"心定于一行而修三昧"。从他开始，禅宗传教由《楞伽经》改为《金刚波若经》。在修行方式上，弘忍也有创新。在他以前，禅者都是零星散居，一衣一钵，修头陀行，随遇而安。道信和弘忍时期倡导

黄梅五祖寺　徐华摄

僧众聚居，禅者应自食其力，砍柴做饭等杂活也逐渐成为佛事。同时弘忍还主张禅者应以山居为主，远离尘嚣。这种生活方式的变化，在中国佛教史上影响深远。

弘忍时代学习禅宗的人逐渐增多，所以弘忍的门徒数以万计，但是能够弘法的人并不多。他曾说能传承自己思想的弟子只有十人。这十人中，成就最大的是神秀与惠能。此二人虽然是同一师承，但所传禅法不尽相同。惠能在南方弘法，神秀在北方，世称"南能北秀"。但无论是南禅还是北禅，都是传自东山法门，由此可见弘忍在中国禅宗史上的重要地位。

咸亨三年（672年），弘忍为觅法嗣，乃命门人各呈一偈，表明自己的悟境。其时上座神秀呈偈曰："身是菩提树，心如明镜台，时时勤拂拭，莫使惹尘埃。"惠能听说之后，亦作偈曰："菩提本无树，明镜亦非台，本来无一物，何处惹尘埃。"弘忍将两偈比较，认为惠能的悟境高于神秀，夜里为惠能宣讲《金刚经》大意，至"应无所住而生其心"处，惠能大悟，遂将衣法密传给惠能，命他连夜南归。

释本焕：中国佛教界爱国典范

释本焕，法名心虔，出生于湖北武汉新洲区。他于1930年出家，得虚云禅师传法印。他曾任中国佛教协会常务理事、中国佛教协会咨议委员会副主席、湖北黄梅四祖寺方丈。

本焕于1907年出生，因家境贫穷，仅读了6年私塾就辍学到武昌当印刷徒工，不久又到新洲仓子埠当杂货店学徒。当时社会处在动荡期，人民生活痛苦不堪。本焕逐渐对世事丧失信心，逐渐萌生出对俗世的厌恶。他常到仓埠报恩寺，听传圣法师讲经说法，并逐渐立志潜心向佛。

1930年，本焕到镇上的报恩寺出家。他刻苦修行，自觉劳动，每天早起打扫、挑水、劈柴，随后敬香习禅，不怀杂念，做到身在佛门即心在佛门，立志成为追求智慧解脱的修行者。他因勤修苦学得到师父的认同。后来本焕得到资助，前往武昌宝通寺受戒。本焕在宝通寺跟从持松和尚学习佛法。他对持松和尚的教导熟记于心，摒除私念潜心向佛。

传法生涯中，本焕以"诸恶莫作，众善奉行"的信念度人无量。他以慈悲水饶益众生，热心社会公益。20世纪90年代以来，他率领弘法寺僧众多次参加支援全国各灾区的捐款捐物活动，支援希望工程和孤残社会福利事业。特别是1998年8月他在住院期间，了解到长江流域洪水灾情严重，不顾医生的劝阻，从医院回到弘法寺，冒着酷暑亲自主持法会募集善款，支援赈灾活动。

2012年，释本焕法师圆寂于深圳弘法寺。2014年12月5日，湖北黄梅四祖寺迎回禅宗泰斗本焕长老舍利永久安奉。

第六节　巾帼志

> 爱布八荒，善泽九州，德辟中华野。
> 飒爽英姿，精忠报国，共振民族魂。

中华圣母

嫘祖：蚕母娘娘

嫘祖，中国远古时期生于西陵，是中华民族最早的第一夫人。据司马迁《史记·五帝本纪》记载："黄帝居轩辕之丘，而娶西陵之女，是为嫘祖。嫘祖为黄帝正妃，生二子，其后皆有天下。"嫘祖与黄帝结合，为一统中华大业日夜操劳，积

嫘祖庙

劳成疾，在伴随黄帝南巡途中病逝。

嫘祖提倡婚娶相媒，缔结婚姻，进行人伦教化，毕生为民谋福利，黄帝敕封她为"祖神""道神"。她还首创种桑养蚕之法，史称"嫘祖始蚕"，人们尊称她为蚕农和纺织行业的保护神。

嫘祖圣地西陵山位于今湖北省宜昌市。早在宋代，西陵山就已被列为峡州古迹。到了明代，西陵山已是古木参天，当时西陵山上的嫘祖庙已形成相当规模。西陵山历代都是人们祭祀嫘祖的圣地。时至今日，宜昌西陵峡口风景区的西陵山嫘祖洞、轩辕洞和玄嚣洞里还随处可见嫘祖留下的遗迹。当地人世代尊称她为蚕母娘娘，并在每年的农历三月十五，即嫘祖的生辰之日，举行庙会祭祀。

嫘祖纪念馆始建于晋朝，位于西陵峡东口西陵山上，是一座纪念中华民族之母的纪念馆。

女娲：创世女神

女娲是中国上古神话中的创世女神。《史记》称之为"女娲氏"，是传说中华夏民族的人文先始，福佑社稷之正神。相传女娲造人，以黄泥仿照自己抟土造人，创造人类社会并建立婚姻制度；后因世间天塌地陷，女娲熔彩石以补苍天，断鳌足以立四极，留下了女娲补天的神话传说。

传说中的女娲补天之地位于今湖北省十堰市竹山县女娲山风景区内。《康熙字典》对"娲"字的解释是"古神圣女，化万物者也"，并引证《史记》记载："女娲炼五色石补天，又女娲山在郧阳竹山县西，相传炼石补天处。"明代学者徐道

十堰竹山女娲山风景区女娲补天塑像

全的《神仙全传》和当代的《中国神话辞典》，均记录了先祖伏羲和女娲抟土造人、炼石补天的地方是竹山县女娲山。《竹山县志》则进一步明确了女娲补天的所在地："城西八十里有女娲山，乃女娲炼石补天处，昔日山上有女娲庙。"

近年来，竹山县在女娲山风景区连续举办"女娲文化节"活动，公祭"华夏始祖、东方圣母"女娲。

忠孝佳人

王昭君：和亲使者

王昭君，名嫱，字昭君，南郡秭归（今湖北省宜昌市兴山县）人，为中国古代四大美女之一。成语"沉鱼落雁"中的"落雁"说的便是王昭君。

公元前33年，昭君告别故土，登程北去。一路上黄沙滚滚、马嘶雁鸣，使她心绪难平，遂于马上弹奏《琵琶怨》。凄婉的琴声和美艳动人的女子，使南飞的大雁忘记了挥动翅膀，纷纷跌落于平沙之上，"落雁"便由此成了王昭君的雅称。

王昭君于汉元帝时被送入宫中，成为一名普通的宫女。公元前33年，匈奴单于呼韩邪多次请求与汉朝联姻，希望可以迎娶汉朝公主。王昭君自请和亲，嫁给匈奴单于后被称为宁胡阏氏。呼韩邪单于去世后，王昭君希望汉朝皇帝可以允许她返回故乡，这个请求未被允许，随后她便依照匈奴风俗中的"收继婚制"，嫁给呼韩邪单于的长子。王昭君去世后，葬于今呼和浩特市南郊，墓依大青山，傍黄河之水，后人称之为"青冢"。到了晋朝，为避司马昭讳，改称"明君"或"明妃"。

昭君故里位于湖北省宜昌市兴山县。王昭君的汉白玉雕像出自内蒙古雕塑大师张恒之手，从数千里之外王昭君的和

王昭君汉白玉雕像

亲之地送来故里，也是一段佳话。

花木兰：孝烈将军

花木兰，相传出生于湖北省武汉市黄陂区木兰山，其故事最早见于北朝民歌《木兰诗》。传说她忠孝节义，女扮男装替父从军并且大获全胜，传为佳话。后世方志中记载隋唐时木兰被封为"孝烈将军"。

据说，古时有位名叫朱异的千总，家住在姚集双龙镇，因年逾半百无后常登山求嗣，后生一女，取名为木兰。木兰聪慧过人，不仅知书达礼，而且武艺超群，每日于木兰山中习文练武，山岭间留下了她的足迹，山上遍布她用过的竹箭，俨然一派"低眉菩萨红妆样，怒目金刚剑侠同"的巾帼英雄气概。胡羌入侵，可汗点兵，木兰父亲连接十二道兵书，但老将军年老体弱，木兰因而削发女扮男装，毅然代父从军。转战十二载，木兰立战功无数。皇帝要封她为昭烈将军，木兰却请求回到父母身边，尽女儿的孝心。木兰凯旋之后，当年漫山遍野的竹箭，竟然变成了参天大树，郁郁葱葱，鲜花怒放，姹紫嫣红，好像在迎接木兰将军的胜利归来，又好像在欢庆木兰的

黄陂花木兰雕塑

丰功伟绩。绿的木兰树，红的木兰花，一经轻风摇动，顿时飞红摇翠，展现出一幅生动的"木兰耸翠"的绚丽图画。

后人为了纪念这位巾帼英雄，在墓前竖立"木兰将军之墓"的巨碑，并于明万历年间在山上建立了木兰殿、木兰将军坊。从此木兰山名声大震。正如明代诗人所写："未有木兰先有山，山名偏借木兰补；木兰与山名俱在，山并木兰争万古。"木兰山昂立天宇，气势磅礴，集宗教、地质、建筑奇观于一身。历代文人墨客来此寻幽探胜，络绎不绝。

木兰天池为木兰外婆家，木兰草原为木兰习武之地，木兰云雾山为木兰归隐之地，木兰山为木兰长眠之地。如今这四大景区组成的木兰文化生态旅游区已经创建为国家5A级旅游景区。

王聪儿：白莲教总指挥

王聪儿（1777—1798），今湖北襄阳人，江湖艺人出身，是一位貌美如花、德行高尚、武艺高强、有勇有谋的女英雄。嘉庆元年（1796年），她以白莲教总教师的身份领导了白莲教大起义，给清朝统治者以沉重的打击。这次起义是清王朝统治由盛到衰的重要转折点，在中国农民战争发展史上写下了光辉的一页。

王聪儿幼年丧父，跟着母亲学习杂技，跑马走绳，舞刀使棒，样样都行。母女俩凭着一身技艺走南闯北，过着颠沛流离的生活。王聪儿和其母亲在襄阳的一次事故中受到襄阳白莲教首领齐林的救济后毅然加入白莲教。王聪儿入教后，经常利用卖艺人的身份在江湖上宣传白莲教的教义。由于志同道合，齐林与王聪儿结为夫妻，一同领导白莲教教徒筹划反对清朝的武装起义。条件成熟时，齐林与王聪儿决定在襄阳起义。不料起义风声走漏，齐林和另外100多名教徒被捕，都被杀害了。

齐林死后，大伙一致推选王聪儿为总教师。1796年，得知其他地方的白莲教都已经发动了武装起义，她便带领义军诛杀贪官污吏并打开粮仓，把粮食分给了穷苦的老百姓。王聪儿的起义军在湖北、河南、陕西流动作战，在四川跟那里的起义军会师，组成了一只拥有十四五万人的起义大军，给清军以沉重的打击。嘉庆皇帝下令要求各地地主组织武装民团，修筑碉堡。起义军一来，就把百姓赶到碉堡里去，叫起义军找不到群众帮助，得不到粮草供应。起义军后面有官军，前面又有地主武装民团的拦截，最终在今湖北省郧西的三岔河陷进敌人的包围圈。王聪儿眼看突围不成，且她与部下都不愿当俘虏，便退到山顶，纵身从陡峭的悬崖上跳了下去。王聪儿英勇牺牲时年仅22岁。

湖北十堰市郧西县建有悬鼓旅游公园，相传这里曾是王聪儿屯兵血战的地方。

连环画中的王聪儿形象

艺界美玉

陈伯华：汉剧艺术大师

陈伯华，湖北武汉人。湖北汉剧旦角，一级演员。中共党员，第三、五届全国政协委员，历任武汉汉剧院院长，湖北省剧协副主席、中国剧协理事等。获得"汉剧艺术大师"称号、中国文联荣誉委员金质奖章。代表作《宇宙锋》《二度梅》《柜中缘》《三请樊梨花》等。著有《陈伯华唱腔选》《陈伯华的舞台艺术》《陈伯华回忆录》。

汉剧大师陈伯华

"京剧两百年，出了梅兰芳；汉剧三百年，出了陈伯华。"当代京昆大师俞振飞的话，生动地概括了陈伯华的艺术成就。当时人们一提起汉剧，便自然而然地想起陈伯华，陈伯华就代表着汉剧。陈伯华甚至一度成为武汉的代名词。

陈伯华的艺术和人生，与武汉这座城市的渊源之深，实为罕见。她生于武汉，长于武汉，在这里学艺，在这里名动天下，又在武汉栽培桃李、蔚为大观，最后其人生又在武汉谢幕。陈伯华出生那年，汉口民众乐园落成。她8岁学艺，15岁担任主角并一举成名。她所演出之处，人山人海，"汉口为之不夜"。在20世纪30年代向现代都市转型的武汉，陈伯华及其艺术表演极大地丰富了大众文化娱乐生活，参与塑造了都市生活形态。正因为陈伯华的存在，武汉成为中国戏剧文化重镇、戏曲大家的必经之地。其人其艺，滋养了一代代的武汉人，充实了人们的精神文化生活，成为城市声望和集体记忆的巨大符号。

陈伯华的艺术，处处洋溢着美，也处处展露着武汉创新与开放包容的精神。陈伯华作为汉剧艺术的集大成者和著名大家，并不因循守旧、安于现状，而是对汉剧进行积极的继承、发展和改造，使汉剧艺术更加成熟。在她身上，汉剧艺术显出新气象、新活力。她兼收并蓄，博采众家之长、中外之优，艺术上不断超越，惠泽深远。陈伯华为汉剧艺术留下了宝贵的财富，其创新精神更是历久弥新、流芳百世。

在戏剧舞台上，陈伯华风华绝代、美不胜收。在人生舞台上，也是如此。演戏和做人，陈伯华都强调真善美，既追求艺术进境，也追求人格的完善与提升。她的气韵与美，从舞台到生活，自然而然，浑然一体。

武汉这座城市，以自身的底蕴滋养了一代宗师陈伯华，而大师的艺术留存、精神惠泽，也张扬了这座城市的风采风华。

夏菊花：中国杂技外交家

夏菊花，中国著名杂技表演艺术家，在杂技界有"顶碗皇后"之美称。1957年加入中国共产党。历任武汉杂技团演员，武汉市文化局副局长、局长，中国杂技艺术家协会第一、二届主席，中国文联第四届委员、第五届副主席。1975年获全国"三八红旗手"称号。现任中国文联副主席、中国杂技艺术家协会主席、中国国际文化交流中心常务理事、湖北省杂技家协会名誉主席。

夏菊花1951年随夏家班进入汉口民众乐园演出；1953年进入武汉市杂技团，练成《柔术咬花》；1954年应邀赴京拍电影《中国杂技艺术表演》，从此名扬全国；1957年，参加莫斯科第六届世界青年联欢节，其《顶碗》获金质奖章；1959年获阿富汗政府独立勋章；1960年，练成《顶碗》高难度动作"单层双飞燕""双层双飞燕拐子顶""衔水转顶""单手顶""脚面夹碗"；1965年与毛泽东主席合影，同年9月随武汉杂技团到法国演出，被当地媒体誉为"顶碗皇后"，从此名扬世界；1966年被西哈努克亲王授予一级艺术勋章；1978年被授予巴西国会勋章；1981年，当选为中国杂技艺术家协会主席，被加拿大温尼伯市长授予"荣誉市民"；1983年第一

夏菊花表演的顶碗杂技

次赴巴黎担任国际评委，同年12月赴摩纳哥任第9届蒙特卡罗国际杂技比赛评委；1984年，在兰州举行的第一届全国杂技比赛中任评委会主任；1988年主编《中国新文艺大系·杂技集》，同年9月当选为第五届中国文联执行副主席；1991年被编入《英国剑桥名人传记》，被安庆市人民政府授予"伯乐奖"；1992年第一届中国武汉国际杂技节举行，任评委会主席；1995年被苏丹共和国总统授予苏丹艺术、文学与科学荣誉勋章；1997年个人传略被收入《世界华人文学艺术界名人录》；2004年从艺60周年之际，被武汉市人民政府授予"人民艺术家"称号。

1981年10月，中国杂技艺术家协会在北京成立。鉴于夏菊花在海内外的声誉与威望，众人一致推选她为杂协主席。44岁的夏菊花成了全国文联所属8个协会中最年轻的主席，也是唯一的女性主席。她走马上任后开展了一系列的工作，创办了《杂技与魔术》杂志，组织国际获奖节目观摩大会，筹建中国杂技学院，建设武汉杂技厅等。她还连年率团出访日本、加拿大、法国、意大利、比利时、秘鲁等数十个国家，为增进中国人民与世界人民的友谊作出了突出的贡献。因而，夏菊花又有"杂技外交家"之称。

体坛明珠

李娜：网坛一姐

李娜，湖北武汉人，职业网球运动员。曾在2008年参加北京奥运会，并取得女子单打第四名的优异成绩。她还获得

2011年法国网球公开赛和2014年澳大利亚网球公开赛女子单打冠军,成为亚洲第一位大满贯女子单打冠军,也是亚洲历史上网球女单世界排名最高的选手。

李娜在5岁时便进行网球训练,并在17岁时成为职业网球运动员,2002年底,她开始于华中科技大学学习新闻学。2004年,在丈夫姜山的鼓励和支持下,她选择了复出。2014年1月25日,李娜第三次亮相澳大利亚网球公开赛决赛,并最终收获女单冠军,将自己的排名提升到职业生涯新高——世界第二。9月19日,李娜正式宣布退役。在15年的职业生涯里,李娜21次打入WTA女单赛事决赛,并共获得了9个WTA和19个ITF单打冠军。李娜曾当选英国《金融时报》2014年年度女性人物。12月23日,李娜入围"2014CCTV体坛风云人物年度评选"的年度最佳女运动员。

2015年,李娜获得2015年劳伦斯世界体育奖特别成就奖,这一奖项在劳伦斯奖16年历史上仅仅出现过两次,李娜

李娜亮相武汉杜莎夫人蜡像馆　周超摄

是除菲尔普斯之外的唯一一人。

伏明霞：跳水皇后

伏明霞，湖北武汉人，我国著名的跳水运动员。1987年，伏明霞进入湖北省跳水队，并于3年之后成功入选国家跳水队。伏明霞早在14岁时就获得1992年奥运会女子10米跳台金牌，成为奥运会史上年纪最小的冠军。1996年7月，伏明霞同时获得亚特兰大奥运会女子10米跳台与女子3米板的冠军，成为我国奥运跳水史上的第一个板台双冠王。2000年9月，伏明霞卫冕了悉尼奥运会女子单人3米板的金牌，并于奥运会结束之后宣布退役。

伏明霞引领了中国跳水史上的一个时代。"我觉得伏明霞是个天才选手，在她的时代，她已经和其他选手拉开了很大的距离，她无疑是当时的王者。"俄罗斯跳水名将帕卡琳娜评价道。"伏明霞做到的成就令人难忘，奥运会上跳台跳板都拿的队员是不可思议的。"俄罗斯塔斯社记者马瑞娜评价道。"我心中最好的队员是伏明霞，当年伏明霞是从跳台后来到跳板，都取得了成功。而且她退役后再复出仍然能够取得成功。她动作的美感别具一格，她才是最棒的。"《米兰体育报》记者杰纳罗·博扎评价道。"郭晶晶确实在跳板上很出色，但是说她最伟大不合适。我觉得伏明霞台板都取得了成功，比郭晶晶对跳水的影响力更大。"澳大利亚跳水队教练英萨尔瓦多·索布里诺评价道。也有记者认为："伏明霞是运气、贵气、人气和霸气的化身。多了一份平常人都难有的贵气。伏明霞从13岁从事跳水开始，就在短短两三年的时间迅速成为中国跳水队的主心骨，自然有一种霸气。她性格内向，但对熟人十分外向。训练刻苦，悟性高。动作稳定，心理素质好。大赛经验丰富，端庄脱俗而广为人所尊重，也注定要成为焦点，不论走到哪里，都会发光发热，完全具备了领军人的气质。"

陈静：中国第一位奥运会乒乓球女单冠军

陈静，湖北武汉人，中国乒乓球运动员，奥运会史上中国第一个乒乓球女单冠军，一位三次参加奥运会、三次都获得奖牌的乒乓球选手。

1988年汉城奥运会前夕，国家队正为奥运人选发愁时，陈静递给教练组一张纸条：你们为什么不用年轻的选手？1988年，陈静成为奥运史上第一个乒乓球女单冠军。陈静对记者笑着说："我觉得有些事必须自己争取，否则有好的机遇也可能溜走。"

1996年亚特兰大奥运会，陈静代表中国台湾地区出征奥运会，单打比赛中，她在1/4决赛战胜了中国香港地区的选手陈丹蕾，半决赛出人意料地又将淘汰了小山智丽的乔红阻挡在决赛圈外，时隔8年之后再度进入奥运会女单决赛。决赛中，她在0比2落后于邓亚萍的情况下大胆调整战术，将比分追平，但最终在决胜局中遗憾落败，收获了一枚奥运会银牌。

2000年悉尼奥运会，第三次出征奥运会的陈静在双打比赛中和徐竞搭档，止步首轮，单打比赛在1/4决赛逆转战胜了前中国选手何千红，半决赛负于王楠，继而在季军争夺战中战胜了新加坡选手井浚鸿，获得铜牌。

品味湖北之景

拜谒李时珍

陈世旭

静静地站在雨中的长廊，遥望神圣。

蕲春，处吴头楚尾，扼控长江。山区层峦叠嶂，峡谷幽深；丘陵岗峦起伏，绿树成阴；平畈湖泊棋布，港汊纵横。山川秀美而神秘，人文丰沛而多彩。

竹林湖村。一个翡翠般的山谷，满是苍劲的树，怪异的竹，迷蒙的云，甘甜的泉，碧绿的水。莲叶上溅着雨花，遮住一湖天光云影。含苞的花朵，带着艳丽的霓裳，相守明镜。

巨大的香鼎排列在开阔的山麓，万绿丛中的高处，安卧着圣者的灵魂。"李时珍"，一个自幼就耳熟能详的名字。

想起我的表叔，一个老迈的中医。几重几进的幽深老宅，洗药的天井，煎药的作坊，堆药的库房，长年累月氤氲着浓浓的药香。表叔端坐于店堂，周边是一圈紫檀的书架，架上满是靛蓝灰白的线装古籍。中堂黑色的金字招牌下，挂着"李时珍"画像：褐色的高筒帽，蓝色的大襟袍，清癯的脸上尽是忧戚。这清癯与忧戚似乎随医道一起传承，画像下的表叔亦是此般的清癯此般的忧戚神情。在一张纹脉清晰的紫檀桌上，青筋毕现的手，苍白而温暖，把握一个个问医者的脉息。偶尔的询问和叮咛，轻得就像亲人的耳语。仿佛踏进的是森严的殿堂，人们一个个恭恭敬敬地弯腰进来，又一个个唯唯诺诺地躬身出门。门外车如流马如龙，门内古炉香烟静如海。

表叔是李时珍私淑的弟子。

一条古老的石路，横跨了数百年，我在路这端，圣者在路那端，我们彼此深情凝望。曾经瘟疫弥漫了你的眼神，多少亡灵，拥挤着天空。风雨的哀怨，堆满大地。在沉重的呼吸里，枯瘦的村庄摇摇晃晃。日子硬撑起呼吸，苦等着一剂良药。困顿的五脏六腑深处，期盼着望闻问切的祥符。多少颤抖的呻吟，渴望着一个身影：一个杏林春暖的身影，一个悬壶济世的身影，一个妙手回春的身影。

皇家宫殿的丹炉滋补着后宫的风韵，孙思邈的"大医精诚"成为谄媚和争宠的工具。医者高洁的襟怀岂能玷污，决然走出堂皇的宫阙，回到久别的故土。

夫医者，非仁爱之士不可托也；非聪明达理不可任也；非廉洁淳良不可信也。是以古之用医必选明良，其德能仁恕博爱，其智能宣畅曲解，能知天地神祇之次，能明性命凶吉之数，处虚实之分，定顺逆之节，原疾病之轻重，而量药剂之多少，贯微通幽，不失细少。如此乃为良医。

国之医者，承载了太多人的命运。怀抱仁心，步履蹒跚，在苦难的漫漫长路，愿为百姓守候一生。

配伍草根、花朵，调制天象、雨露，"八月断壶"（《诗·豳风·七月》）装满了天人合一的玄机。眯着洞烛幽微的眼睛，悉心净化天下的纷乱与尘埃。五千年文明煨出的性情，看上去依然淡定。目标是行动的源泉，使命是肩负的道义。探索的道路，举步维艰。我不入地狱，谁入地狱。智者姿态安详。背负神农氏的典籍，"搜罗百氏"，"采访四方"，寻寻觅觅踏遍山野。点一盏虔诚的灯，一路前行，让芒鞋踏破。滚滚红尘之外，是人间天堂。

攀上高耸的断崖，潜入无底的山涧，从荆棘深处背出一篓又一篓救苦救难的"仙草"。敞开胸膛，揽尽大地的远山近水，只看到香气在飞，心灵清如止水。

太阳升起的每一个新的日子，生命都正在苍天的子宫着床。在无边无际的时间与空间，一个又一个生命的洪亮声音，如黄钟大吕振聋发聩。一茎草的萌芽，在脸上积蓄着力量。于是穷搜博采，芟烦补阙，历三十年，阅书八百余家，稿三易而成《本草纲目》。苦行者的智慧，滋润了草的色泽，流溢着草的芳香。在众人的仰望中，研磨天地的精华，抚慰百姓的切肤之痛。草、木、菜、果、谷是五部兵权，刀剑斧戟斩杀世间一个又一个邪恶的梦魇。

龟裂的纹脉，写意出尊容；一纸药方，点缀出专注的神情。羸弱而坚韧的手指，调和阴阳，由表及里；心无旁骛的针灸，以谦卑的姿态，直刺生之命门；流不完的汗水，炮制"神膏"，敷上肿胀的苦难；不吝惜的热血，祛散肆虐的"伤风"，让涌动的脉搏，流出欢快的福音；于是滚沸的鼎釜里一缕清苦的味道，泽润了天下的老弱贫疾；于是百草温汤融入子孙的血液，而"李时珍"，刻进华夏永恒的记忆。

清为天，浊为地，阴阳分为两极。李时珍的脊梁始终那么高，又那么低。民族记录下了一个伟大医者朴素的背影。

曾几何时，时光抛弃了记忆，灵魂的花朵，一片片凋落，一片片残红惊心。传媒与骗子合谋，金钱与谎言同在，良心失去了天平，潮流的风向偏离了岐黄道中的准绳。医疗成为产业，病患成为商机，天价挟持"药王"，医患对立如仇雠，多少生机尚存的躯体，痉挛在生命的黄昏。世风及此，已近"匪我言耄，尔用忧谑。多将熇熇，不可救药"（《诗经·大雅·板》）了。

拯救世道人心，刻不容缓。

招魂的旗幡在寻找灵魂的医师。"李时珍"，远不止仅仅等同于《本草纲目》，是永远的经典，而是一个符号，一个民族的魂魄。

静静地站在雨中的长廊，遥望神圣。

心在呼唤：

李时珍，魂兮归来！

原载《湖北日报》2014年8月15日

第三章 胜迹

Disanzha

Disanzhang
Shengji

FengyunHubei
Shengjì

风云湖北

  湖北省不仅自然条件优越，还有着悠久的历史和源远流长的文化，这种独特的自然和人文环境为我们留下了许多著名的风景名胜。

  当我们游赏在湖北的名山名水之间时，我们看到的不仅是青山绿水，还有凝集着大自然鬼斧神工的神奇造化；当我们走进湖北画卷上的名居古寺时，我们感受到的不仅是眼前的荏苒时光，也是沉淀着的千年的历史深蕴。湖北胜迹，是大自然与人类智慧合作的杰作，是你不管身处何时何处都值得来欣赏的瑰宝！

第一节　世界遗产

世界遗产是指被联合国教科文组织和世界遗产委员会确认的人类罕见的、目前无法替代的财富，是全人类公认的具有突出意义和普遍价值的文物古迹及自然景观。湖北地区目前共有三处世界遗产，代表了荆楚文化在世界舞台上的重要地位。

武当山

武当山，古称䃳上山，又名太和山、谢罗山、参上山、仙室山，是世界文化遗产、国家5A级旅游景区、道教的重要代表地域、太极拳发祥地、国家首批重点风景名胜区以及全国十大避暑胜地之一。1994年12月15日，武当山古建筑群入选《世界遗产名录》。世界遗产委员会评价：武当山古建筑中的宫阙庙宇集中体现了中国元、明、清三代世俗和宗教建筑的建筑学和艺术成就。古建筑群坐落在沟壑纵横、风景如画的湖北省武当山麓，在明代期间逐渐形成规模，其中的道教建筑可以追溯到公元7世纪，这些建筑代表了近千年的中国艺术和建筑的最高水平。

武当山古建筑群大约在唐代贞观时期开始出现。明代得到了极大的发展，许多重要的建筑就是在这一时期建成，到嘉靖三十一年（1552年），"治世玄岳"牌坊的建成使得武当山建筑群终于形成了今天见到的以八宫两观为主体的庞大规模。武当山建筑群主要包括太和宫、南岩宫、紫霄宫、遇真宫四座宫殿，玉虚宫、五龙宫两座宫殿遗址，以及各类庵堂祠庙等共200余处。建筑主体以宫观为核心，主要宫观建筑在内聚型盆地或台地之上，庵堂神祠分布于宫观附近地带，自成体系，岩庙则占峰踞险，形成"五里一庵十里宫，丹墙翠瓦望玲珑"的巨大景观。武当山古建筑群在建筑艺术、建筑美学上达到了极为完美的境界，有着丰富的中国古代文化和科技内涵，是明初政治和中国宗教历史以及古建筑工艺水平的实物见证。

太和宫位于武当山主峰天柱峰的南侧，包括古建筑20余栋，建筑面积1600多平方米。太和宫主要由紫禁城、古铜殿、金殿等建筑组成。紫禁城始建于明成祖永乐十七年（1419年），

武当山全景图

是一组建筑在悬崖峭壁上的城墙，环绕于主峰天柱峰的峰顶。古铜殿始建于元大德十一年（1307年），位于主峰前的小莲峰上，殿体全部由铜铸构件拼装而成，是中国最早的铜铸木结构建筑。金殿始建于明永乐十四年（1416年），位于天柱峰顶端，是中国现存最大的铜铸鎏金大殿。

所有古建筑群中规模最为宏伟、保存最完好的是紫霄宫，它于北宋宣和年间开始动工，明嘉靖三十一年（1552年）扩建。宫内主体建筑紫霄殿，是武当山最有代表性的木构建筑，建在三层石台基之上，台基前正中及左右侧均有踏道通向大殿的月台。殿中石雕须弥座上的神龛内供奉着真武神老年、中年、青年塑像和文武座像，两旁侍立有金童玉女等，铜铸重彩，神态各异，是中国明代宝贵的艺术珍品。殿左放着一根数丈长的杉木，传说是从远方飞来，故名"飞来杉"。又因在其一端轻轻叩击，另一端可听到清脆的响声，而又被称为"响灵杉"，相传亦是明代遗物。紫霄殿的屋顶全部盖孔雀蓝琉璃瓦，正脊、垂脊和戗脊等以黄、绿两色为主镂空雕花，装饰丰富多彩华丽，为其他宗教建筑所少见。

南岩宫位于武当山独阳岩下，始建于元至元二十二年（1285年）。现保留有天乙真庆宫石殿、两仪殿、龙虎殿等建筑共21栋。

"治世玄岳"牌坊又名"玄岳门"，位于武当山镇东4公里处，是进入武当山的第一道门户。牌坊始建于明嘉靖三十一年（1552年），坊身全部以榫卯拼合，造型肃穆大方，装饰华丽，雕刻有多种人物、花卉的图案，堪称明代石雕艺术的佳作上品。

此外，武当山各宫观中还保存有各类造像1486尊，碑刻、摩崖题刻409处，法器、供器682件，还有大量的图书经籍等，也是十分珍贵的文化遗存。

武当山古建筑群集中体现了中国古代建筑装饰艺术的精华，建筑设计的规划或宏伟壮观，或小巧精致，或深藏山坳，或濒临险崖，达到了建筑与自然的高度和谐，具有浓郁的建筑韵律和天才般的创造力。

同时，武当山道教建筑群始终由皇帝亲自策划营建，皇室派官员管理。现存建筑其规模之大，规划之高，构造之严谨，装饰之精美，神像、供器之多，在中国现存道教建筑中是绝无仅有的。武当山金殿及殿内神像、供桌等全为铜铸鎏金，铸件体量巨大，采用失蜡法（蜡模）翻铸，代表了中国明代初年科学技术和铸造工业的重大发展。这些艺术成就、科技价值和历史意义都决定了武当山古建筑群是当之无愧的世界文化遗产。

明显陵

明显陵，位于钟祥市城东郊的松林山，是全国重点文物保护单位、世界文化遗产、国家4A级旅游景区，是恭睿献皇帝朱祐杬之陵，也是中国明代帝陵中最大的单体陵墓。明显陵原始建筑和环境风貌保存十分完好，陵寝建筑规模宏大、结构独特，同时蕴含着中国丰富的风水智慧，堪称中国帝陵的璀璨明珠，在我国几千年的历史发展中都不失为别具特色的帝王陵寝。

在中国历代帝陵中,"一陵两冢"的建制乃是皇陵特例,不仅在明陵甚至在中国所有皇陵中都是绝无仅有的。显陵的墓主朱祐杬生前为兴献王,本来是按亲王规制建筑坟园,后来其长子朱厚熜在明武宗朱厚照驾崩后奉"兄终弟及"的祖训被"遗命"为"嗣皇帝位",年号为嘉靖。按照封建礼制,朱厚熜应过继给孝宗皇帝为儿子,但朱厚熜执意要自立体系,遂采取武力手段平息了"皇考"之争,并更定大礼,称孝宗为皇伯考,追尊生父朱祐杬为皇考恭睿献皇帝,完成了自己的昭穆体系,这一重大历史事件史称"大礼仪"。此后嘉靖帝朱厚熜将原来的兴献王坟更名为显陵,并按照帝陵规制升级改造成显陵中的前宝城,后来章圣皇太后死后也被安葬入显陵,与恭睿献皇帝合葬入新修的后宝城中,两个坟冢中间以瑶台相连,从而构成一个整体,这便有了皇家历史上独一无二的"一陵双冢"双宝城历史奇观。

当年嘉靖帝朱厚熜以"风水宝地、祥瑞所钟"赐县名"钟

玉龙绕显陵　卓兵摄

祥"，寓意此地乃得天独厚、祥瑞聚集之地。参观显陵，可以看到中国风水智慧在寝陵设计中的完美运用。显陵工程浩大，占地面积包括了整个纯德山。四周砌上围墙，墙身粉以朱色，墙顶盖以黄色与黄绿相间的琉璃瓦，看上去格外庄严肃穆。陵园大门外竖有两块汉白玉石碑，书"官员人等在此下马"。进入陵园大门，是1300余米的神道，直抵寝陵。神道两旁立有一对白玉华表、8对石兽、4对文武官员，彰显皇权尊严；石兽有狮、骆驼、大象、麒麟、马等，显示着帝王的威武；文臣武将们象征着帝王统领下的文武百官，俯首称臣。显陵的内外明塘设计为史上的独创，有内外之分，外明塘有九曲河宛如水龙，蜿蜒整个陵区，并最终汇入，寓意保证皇家龙气"遇水则聚，永固不失"。内明塘则外方内圆呈罗盘形，寓意天圆地方，塘内的水永远保持一个高度，不溢不涸，风水中有收龙蓄气的作用。据说，直到今天，内明塘的水还保持着永不干涸、也不会满溢的状态，号称一大奇观。

整个明显陵的修建耗时46年之久，是历史上建设周期最长的皇陵，其规模之大不仅超过了明十三陵中的一些帝陵，而且在建筑艺术上将中国风水智慧与环境美学相结合，体现了更高水平的建筑艺术。

咸丰唐崖土司城遗址

咸丰唐崖土司城遗址，位于湖北省恩施土家族苗族自治州咸丰县唐崖镇，是湖北继武当山古建筑群、钟祥明显陵之后的第三处世界文化遗产，同时也是湘、鄂、川、黔边少数民族地区中格局最为清晰、保存最为完好的土司城遗址。游唐崖土司城遗址，可以观赏到巴楚建筑的工艺神韵，品味土家土司的传奇人生，体验古老淳朴的民俗风情，感受到"一日穿越千载，一圈走遍土家"的美好神韵。

鼎盛时期的唐崖"皇城"，规模宏大，气势恢宏，占地57.75万平方米，拥有3街、18巷、36院，建有衙署、官言堂、大小衙门、存钱库、牢房、书院、靶场、左右营房、御花园、万兽园等设施，形成了行政、军事、司法、文化、宗教等机构设施一应俱全的城市规模。自改土归流260余年来，虽几经兵燹，又遭"文革"浩劫，但至今街道墙垣仍清晰可辨，部分建筑尚保存完好。土司城内外，遍布各种人文景观，最主要的有石人、石马、石牌坊等大型石雕，土王墓葬及古墓葬群、夫妻杉、妃子泉等数十处景点。唐崖河畔，有两匹石马和两尊牵马的行人塑像，石马以整块砂岩凿成，马身雕饰鞍、镫、缰、鬃，作扬蹄欲行状；石人执辔侍立于马旁，仪容端庄，整个雕塑线条流畅，形态生动。

"如果说北京故宫是大故宫，那么唐崖土司城就是'小故宫'。"走在唐崖土司城的街道上，"荆南雄镇"牌坊十分醒目，吐司衙署、张王庙等无不散发着历史的光辉，向我们讲述这里曾经发生过的故事与荣光，这座土司"皇城"虽已不复当年之壮观，但仿佛仍然心有不甘地穿越时光隧道，向我们传递着曾经的辉煌。

唐崖土司城作为唐崖土司的治所，是14至18世纪唐崖土司的各项社会事业的中心所在。现在仍有城防设施、交通设施、建筑基址、墓葬、苑囿、手工业遗址等多种类型的遗存留之于世，特别是保存完整、井然有序的道路、院落体系，呈现出城市主体一次性规划、营建的特征，使土司城得"小故宫"之称。其中，作为土司战功象征的"荆南雄镇"牌坊地处衙署区最前端第一级台面，承担着衙署区主入口和中轴线节点的作用，彰显出土司权力的至高无上和土司王宫的尊荣华贵。"荆南雄镇"牌坊由全仿木结构构成，四柱三间，飞檐翘角，正面刻有"荆南雄镇"，反面刻有"楚蜀屏瀚"，其

唐崖土司城

他梁枋上还刻有"土王出巡""哪吒闹海""槐荫送子"等民间故事的浮雕，生动形象。

有城的故事就有人的传说，覃氏土司的故事砌刻在整个唐崖土司城的一砖一瓦里，谱写着土家人的聪颖智慧以及土家族与汉族的友好民族交往。唐崖土司城的规模在其18代土司覃鼎时曾达到顶峰，明天启年间，覃鼎大兴土木，扩建唐崖土司城，终成三街十八巷三十六院的宏大规模。同时，覃鼎因征渝有功，军威显赫，天启帝授书建"荆南雄镇"功德牌坊。不仅覃鼎军功卓越，他的妻子田氏也是才智超群，精明能干，为世代子民口口相传。田氏是那个年代难得的思想开明、善于学习的女子。在与山外的接触之中，田氏看到了汉人先进的文化和生产力。一次去峨眉山朝圣的时候，她专门派人在成都等地学习汉人养猪、种桑、养蚕、刺绣等技术，回来后传授给当地百姓土民，唐崖司一带养猪的传统就此流传下来。玄武山上的一对苍翠挺拔的夫妻杉，相传就是田氏亲手所栽。如今，此树高44米，冠幅225平方米，两树枝干连理，并峙而立，如夫妻携手，恩恩爱爱，是唐崖土司城遗址常青历史的见证。

400年沧海桑田，风雨磨砺，曾荣极一时的唐崖土司城仍遗存颇丰。唐崖土司"皇城"的建筑、格局及诸多文物遗存，穿越数百年，写就的是一部中国土司制度史、一部民族智慧史、一部汉民族与少数民族文化的友好交流史。

第二节　荆楚寻根

寻根问祖是中国人,尤其是迁居他乡或飘零异国的中华儿女们永远割舍不断的历史情结。翻开湖北山水画卷,四处遗落着祖先留下的历史痕迹。荆楚大地,千古之前便有着人类悠久的发展历史。人们常说,山有魂,城有灵,这里的山魂就是悠久历史,这里的城灵就是我们的根。

炎帝故里

炎帝故里风景名胜区,位于湖北省随州市随县厉山镇,是国家4A级旅游景区、灵秀湖北十大旅游名片、中国非物质文化遗产、鄂西生态旅游文化圈中六个核心景区之一。相传,五千年前炎帝神农氏诞生于湖北随州厉山,由于他教民稼穑,首创纺织,发明医药,被尊为华夏子孙的始祖。今天,炎帝故里已形成了神农古文化游览区,这里既是对青少年进行爱国主义教育的重要基地,也是世界华人进行寻根谒祖的圣地。

厉山镇位于烈山的东南麓,重峦叠嶂,树木葱郁,山脉与河流相围绕,山谷与坡地相连接,古洞清泉,风光旖旎。烈山包含有九座山岭,分别是钻断山、耕耘山、百草山、五帝山、三皇山、葫芦山、洞天山、登天山、寿星山。如此峰峦叠嶂的山林里，自然少不了高人的出没。在洞天山东麓，有一山洞，四周松柏苍翠、幽静空寂，相传神农氏就是诞生在这里。如今，此处已成为神农故里风景区的神农洞景观。沿着始祖的足迹在景区漫步，可依次欣赏到神农碑、神农洞、功德殿、烈山湖、圣火台、谒祖广场、神农大殿、炎帝神农大像等30余处人文和自然景观。

走进炎帝故里风景区，首先映入眼帘的便是一座硕大无比而又不失威严的炎帝神农像，该石像伟岸的身躯屹立在景区的中央，是全球最大的单石雕像，其底座边长56尺，意为中国56个民族；底座高度为42.6尺，意为炎帝神农诞生日农历四月二十六日；立像高为95尺，意为"九五之尊"。而建在高台之上的炎帝神农大殿，则傲视整个神农故里景区。炎帝神农大殿依照汉代建筑风格建成，整个大殿由多根白玉石

炎帝神农景区

柱鼎力支撑，不需门栏、花窗的多余修饰，以古朴粗放的高台风格彰显空间的隐逸。在大殿中央，有一尊庄严盘坐的炎帝神农巨像，他手捧麦穗遥望远方，寓意着时刻保佑我们华夏大地风调雨顺、五谷丰登。

整个景区以体验炎帝神农的农耕文化、医药文化、贸易文化为根本，成为世界华人寻根的必往之地。每年的农历四月二十六日，为纪念炎帝生辰，来自世界各个角落的炎黄子孙成千上万地前往烈山缅怀始祖，表达出对炎帝作为华夏始祖的极大认同感，这也是中华民族的强大凝聚力的集中体现。

屈家岭遗址

屈家岭遗址，位于湖北省京山县城的屈家岭村，属于全国重点文物保护单位，是一处新石器时代村落废墟的遗址。屈家岭遗址是我国长江中下游地区发现最早、最具代表性的新石器时代大型聚落遗址，为全国首批100处大遗址保护地。

屈家岭遗址坐落在一片椭圆形的岗地之上，地势平缓，附近丘陵起伏，青木档河和青木河由东西两侧环绕其南，在此交汇合流，这里土地肥沃，物产丰富，十分适宜人类生存。该遗址最早是1954年修建石龙水库渠道时被发现的，经过三次挖掘，发现有大量新石器时期的石器和陶器。石器有斧、凿、铲、镞、锛等，陶器有杯、碗、鼎、锅、纺轮等，还有陶鸡、陶狗等装饰品。这些极具地方特色的文化遗址广泛分布在湖北境内的江汉平原以及豫西南邻鄂一带，按照考古学的惯例，以首先发现这种文化的遗址来命名，因此，考古界将这种文

屈家岭遗址

化遗存称为"屈家岭文化遗址"。

于此地出土的彩陶纺轮、彩绘黑陶蛋壳彩陶别具特色，在学术界享有极高的地位。彩陶纺轮都是中小型和轻薄型的，且数量多，说明当时处理麻类纤维的技术和经验已经比较先进了，能够消除麻类植物纤维中的胶质，使它更适合纺织，织出来的布也更加轻薄柔软。蛋壳彩陶因为厚度极其单薄，形如蛋壳，因此得名。这样精妙绝美的陶器的问世恰恰说明当时已经具备十分高超的原始制陶技术，这也是原始制陶业最高水平的典型代表。这里遗存的大量生产工具和粳稻谷壳则表明这里的稻作农业特别发达，是江汉平原原始农业大发展的最好证据。

大量出土的文物表明，当时人们的物质精神文化生活丰富多彩。陶器中出现的许多羊、母鸡、狗等，说明当时已开始饲养家禽；酒杯的出现说明当时已经有用粮食造酒的技术；还有品种多样色彩鲜艳的彩陶器、陶质禽鸟模型及玉饰品，反映了人们对审美的追求。在有的成年墓中，还同时埋葬有少数儿童瓮棺葬，这些都说明当时社会的发展已进入父系氏族社会阶段。

走进屈家岭遗址，俯拾皆是历史长河中散落的千年文明遗迹，屈家岭文化作为长江中游新石器时代最为兴盛和最为强势的一种文化，在今天仍然具有极其丰富的文化内涵和巨大的文化价值。

擂鼓墩曾侯乙墓遗址

曾侯乙墓是战国早期的一座墓葬，位于随州城西2公里的擂鼓墩，相传因春秋战国时期楚庄王讨伐叛军在此筑台擂鼓助战而得名。擂鼓墩古墓群属东周时期曾（随）国诸侯的王陵，已探明地下古墓葬有200余座，是全国重点文物保护单位。曾侯乙墓是擂鼓墩古墓群内一处重要的古墓葬，编号为"擂鼓墩一号墓"，1978年被发掘，被评为20世纪中国十大考古发现之一。曾侯乙墓属岩坑竖穴木椁墓，形制特殊，规模庞大，总面积220平方米。墓室分为东、中、西、北四室，共出土青铜礼器、乐器、金器、玉器、兵器、车马器、漆木器和竹简等珍贵文物15404件，仅青铜器就有6239件，其中尊盘、鉴缶、编钟等9件套被定为国宝级文物，其中曾侯乙编钟是迄今发现的最完整、最大的一套青铜编钟。

曾侯乙墓出土的文物大多珍藏于今天的随州博物馆。这是一座集文物收藏、陈列布展、科学研究和编钟演奏于一体的国家二级博物馆。博物馆主体建筑风格为楚汉宫殿式，一主两翼呈"品"字形结构，共设有五个基本陈列：《炎帝神农故里》《曾国迷踪》《曾侯乙墓》《擂鼓墩二号墓》《汉唐风韵》。博物馆另有一个临时展厅和一个编钟乐舞演奏厅，现有馆藏文物10000余件（套），著名的有擂鼓墩二号墓出土的36件编钟、菱形勾连云纹铜敦、凤鸟扉棱铜铺、鄂国铜器群等，这些精美绝伦的文物堪称镇馆之宝。

迄今为止，中国的考古发掘中共有40多套编钟出土，但数量最多、保存最好、音质最高的则非曾侯乙编钟莫属。曾侯乙编钟现珍藏于湖北省博物馆，全套编钟重 5 吨，共 65 件，分三层八组悬挂在呈曲尺形的铜木结构钟架上，其音域跨五个半八度，十二个半音齐备，可旋宫转调演奏古今中外的各种乐曲，比钢琴早了 800 多年，改写了世界和中国音乐史。整套编钟数量之多、做工之精细、气魄之宏伟，令人惊叹不已，被誉为"国之瑰宝"。它不仅达到了先秦时期青铜铸造工艺的巅峰，而且钟上的铭文记载了先秦时期音乐文化的成就，被海内外专家誉为"反映中国先秦时期科技发展水平的百科全书"。这套编钟最大的特征是一件钟能发出两个不同的乐音，中间一个，旁边一个，俗称"一钟双音"。作为国之重器，曾侯乙编钟在香港和澳门回归、北京奥运会、杭州 G20 峰会等重要场合上被敲响。习近平总书记出访埃及、接待印度总理莫迪访华时，曾侯乙编钟和编钟乐舞都作为中华文化的符号大放异彩。

湖北省博物馆曾侯乙编钟

楚纪南故城

楚纪南故城,又称"纪郢",是全国重点文物保护单位,位于荆州古城北约5公里处。因在纪山之南而得名,是春秋战国时期楚国的都城。

据《史记·楚世家》记载,楚文王元年(公元前689年)自丹阳迁都于此,至顷襄王二十一年(公元前278年)秦将白起拔郢止,楚国在此建都400余年,纪南城成为当时南方第一大都城。时至今日,纪南故城仍遗留有宏伟浩大的古城墙,地下文物古迹更是中国古代文化的典型代表和古代劳动人民的智慧结晶。

纪南城址规模宏大,城址平面呈不规则方形,东西长约4.5公里,南北宽约3.5公里,总面积约为16平方公里。当

楚故都纪南城考古发掘现场

年的土筑城墙至今仍存，整个城墙周长 15.5 公里，有的地段现在还存有高达 6.7 米的城墙遗迹，都是由夯土筑成的，十分坚固。故城的四面共有 7 座城门，如今其西垣北段的 3 个门道已经发掘完毕，并有形如门房的古建筑留之于世，环绕于城外四周的护城河也重见天日。古井、窑址等遗迹如今仍散布在纪南故城遗址内，还有数不清的筒瓦、板瓦等建筑构件以及东周的文化遗物，俯拾皆是。纪南城南北土城垣上还各立有一块大石碑，上刻"楚纪南故城"五字，为郭沫若手书。

纪南古城蕴含着丰富的古代文化，城外已经发掘的 30 余座古墓中出土了几千件宝贵的文物，并且大部分都做工精美，异常珍贵。虽然如此，仍有大量的古墓发掘工作尚未完成。古墓中已经发掘的彩漆木雕鸳鸯豆、彩漆木雕虎座飞鸟、铜弩机、彩绘石编磬等精妙绝伦。纪南城东南隅的凤凰山，在楚都徙陈（今河南淮阳）后，沦为秦汉墓地，著名的西汉古尸、大量的汉简及精美的彩绘漆器皆出土于此，现保存在荆州博物馆内。

登上雄伟的纪南古城顶端，极目环顾：八岭、纪山、雨台诸山由高迄北至东，岗峦起伏毗连，其上佳木葱茏，东望长湖，烟波浩渺，犹存昔年荆楚雄胜之概貌。

荆州熊家冢

荆州熊家冢楚墓位于楚故都纪南城遗址西北，地处荆州市荆州区川店镇，是目前国内所见规模最大、保存最好、陵园分布最为完整的楚国高等级贵族墓地，也是春秋战国时期楚文化最高水平的杰出代表。

　　熊家冢遗址是东周时期楚国高等级大型墓地，主冢规模之宏大、墓主身份之显赫、车马阵容之豪华、祭祀场景之阔绰、布局系统之完整，均十分罕见，在中国文物考古界，有"北有兵马俑，南有熊家冢"之说，可见其在考古研究中的巨大价值。

　　熊家冢由主墓、陪葬墓、车马坑、殉葬墓、祭祀坑以及主墓的附属建筑等部分构成。主墓是一座有斜坡墓道的"甲"字形木椁墓，棺椁面积达248平方米，是中国已知的帝王棺椁中面积最大的。在墓的西边推测有15级台阶，墓坑底长27米，宽25米。主墓与陪葬墓的西边有一座大型车马坑和30余座小型车马坑，其车马坑数量之多、规模之大，在同时期的墓葬中同样十分罕见。主墓南边和陪葬墓北边，分别排列着几十座形制、方向、间距、规模大体一致的殉葬墓，殉葬墓内有大量玉器放置于棺内，基本为组玉佩的各类构件，

熊家冢遗址

如玉璧、玉环、玉珩、玉龙佩、玉管、串珠等。主墓西、南边有十分密集的方形或圆形祭祀坑，发现有玉璧、玉珩等物，部分车马坑中在马头部出土了百余件瓜子形玉饰片。

在参观熊家冢楚墓遗址时，会看到43辆马车及164匹战马所组成的巨大车马阵，此阵不仅气势恢宏，更令人震惊的是，在车马阵内，还发现了三乘六驾马车。根据《周礼》及其他古代文献中的记载，只有天子才能用六匹马来驾一辆车出行，因此从车马坑的规模来看，熊家冢墓应该是一个楚王墓。有学者认为，熊家冢主墓的墓主人很可能为某代楚国君王。

熊家冢楚墓自从20世纪70年代以来，不断遭到自然和人为的破坏。为了有效保护这一珍贵的历史文化遗产，从1979年到2001年，相关考古工作者对该墓地进行了三次大规模的科学考古调查和勘探。目前在主冢南侧探明殉葬墓92座，发掘30余座，出土玉石、水晶、玛瑙等精美文物1000余件。目前为止，以遗址内已经发掘的相关文物和墓室结构等为基础的博物馆已对民众开放，相信在不久的将来，熊家冢楚墓的秘密将进一步公布于世。

习家池

习家池，又名"高阳池"，位于湖北省襄阳市，是东汉初年襄阳侯习郁的私家园林，延存至今已有近两千年的历史。它是中国现存最早的园林建筑之一、全国现存少有的汉代名园，被誉为"中国郊野园林第一家"。

史载，习家池是东汉襄阳侯习郁为效仿范蠡养鱼的方法，在白马山下筑一长60步、宽40步的土堤,引入白马泉的水,池中垒起钓鱼台,列植松竹而成。东晋时,习郁的后代习凿齿曾在这个地方读书,并完成了《汉晋春秋》的创作,成为中国历史上小有名气的历史学家,习家池也因此为天下人所共知。习家池坐落在群山的包围之中,清脆的松柏和涓涓溪水环绕其中,美丽的环境吸引了许多名人骚士在此吟诗作赋。皮日休有一首著名的《习池晨起》:"清曙萧森载酒来,凉风相引绕亭台。数声翡翠背人去,一番芙蓉含日开。菱叶深深埋钓艇,鱼儿漾漾逐流杯。竹屏风下登山屐,十宿高阳忘却回。"此诗就是对习家池美景的极大赞赏。

习家池占地约三四亩,清澈见底、温润如玉,水面倒映着青山绿树、蓝天白云、日月交替。池中建有重檐二层六角亭,俗称"湖心亭",其周绕以雕花石栏,凭栏可赏出水芙蓉,观游鱼之乐。池水周围种有竹、芙蓉等植物,滴青流翠,

习家池

楚楚动人。池塘西南侧，还建有两个别致的副池，小如戏台。一个满圆似日，芳名"溅珠"；一个半圆如月，雅号"半规"。北望高岗，是始建于明嘉靖年间的习家祠堂，古色古香，庄严典雅。襄阳习氏南迁江西之后，在此地开枝散叶，人丁繁茂，其子孙遍布全国。

习家池背倚白马山，三面环抱；南望汉水，风帆隐现；远眺鹿门，山色苍翠。园内亭台楼榭，鳞次栉比；清风徐来，碧水荡漾，是游玩观赏的天然佳境。

麻城孝感乡

明朝麻城有四个乡区，孝感乡即是其中之一，在后来进行区乡调整时并入仙居乡。今天的麻城孝感乡都在麻城市鼓楼街道办事处沈家庄村。虽然"孝感乡"地名已在明成化年间撤并，但其代代居民及中转移民仍心口相传"孝感乡"之名，将其视为心目中的圣地。

明清两朝的移民运动是中国移民史上最为重要的组成部分之一，麻城是中国古代"八大移民发源地"之一，也是"湖广填四川"的起始地和集散地。在长期的历史发展过程中，麻城移民的后代已经广泛分布在四川地区，所谓"湖广填四川，麻城过一半"就是这一现象的典型代表，而孝感乡作为"江西填湖广"和"湖广填四川"的聚散地和中转站，一直被掩藏在历史迷雾的深处长达500多年，其真实情况不被社会和学界所知。

时至今日，对历史有所了解的四川地区的当地人都明白其祖辈是由湖广麻城孝感乡迁徙而来。这种说法广泛存在于历史记载中。如民国《南溪县志》称:"今蜀南来自湖广之家族,溯其始,多言麻城孝感乡。"又如民国《荣县志》曰:"洪武二年,蜀人楚籍者,动称是年由麻城孝感乡入川,人人言然。"家族族谱中也有相关记载,如隆昌《刘氏族谱》:"吾家起自湖广麻城县孝感乡,明初入蜀。"由此可知孝感乡并非子虚乌有。然而查阅当今麻城市行政区划或乡镇名录,却难以找到孝感乡这一建置和地名,这也使得许多寻根者的寻根之路显得异常艰难。

最近,麻城当地的学者进行多方考证后得出结论:麻城孝感乡位于今麻城西南,面积1200平方公里,明成化八年(1472年)因户口消耗并入麻城仙居乡。目前麻城成立了"麻城孝感乡现象"研究学会,进行了多次富有意义的主题研讨会,邀请各界专家学者参与"麻城孝感乡现象"的讨论。在当地政府的组织下,当年的高岸河移民码头已经得到修复,孝感乡都沈家庄也逐渐得到开发,移民博物馆和移民公园的规划建设也正如火如荼地进行,大量的移民后裔的寻根之路从此多了一份温暖和欣慰。

铜绿山古铜矿遗址

铜绿山古铜矿遗址位于湖北省大冶市,是商朝早期至汉朝的采铜和冶铜遗址。铜绿山古铜矿遗址是迄今为止中国保存最好、最完整、采掘时间最早、冶炼水平最高、规模最大、保存最完整的一处古铜矿遗址,享有"中国继秦始皇兵马俑后一奇迹""媲美中国的长城、埃及的金字塔"的美誉。

铜绿山古铜矿遗址,是一座从商代晚期一直延续到汉代进行开采和冶炼的古铜矿遗址,遗址年代约为公元前9世纪至公元1世纪,总面积约8平方公里,地表积存了约40万吨古代炼铜渣,是一处规模庞大、保存完好、埋藏丰富、延续时间长的古代矿冶基地。目前已发现古代采矿遗址7处、冶炼遗址3处,共清理出不同时代、不同结构、不同支护方法的竖井225个,平巷95条,无支护竖井11个,春秋早期鼓风竖炉10座,战国晚期炼铜竖炉2座和宋代炼铜地炉17座。由此可见该古铜矿的开发以及挖掘历史之悠久,历时1000多年的开采史从未断绝。

经考古发掘表明,遗址的矿井开采达到地表以下60余米,低于当地潜水位23米,已成功运用重力选矿和多中段开

铜绿山古铜矿遗址

采矿石的方法，采用竖井、平巷、斜巷的联合开采技术，这些方法和技术初步解决了井下的通风、排水、提升、照明和巷道支护等一系列复杂的技术问题，证明当时的开采已达到了很高的水平。随同出土的生产工具和生活用具达上千件，其中有大型铜斧、铜锛、石钻、木铲、木耙、木槌、铜锛、铁锄、铁錾、船形木斗和辘轳等采矿工具。这充分证明早在两三千年前我国就创造了完整的采矿炼铜技术。

目前铜绿山古铜矿遗址的 7 号矿体上已按 1∶1 比例恢复了战国至汉代采矿遗址，建起了"铜绿山古铜矿遗址博物馆"，馆内完整保留了当时采矿的原貌。古铜矿遗址的发现和发掘，初步回答了中国青铜时代铜是怎样进行开采、冶炼这一重要的历史课题，为研究中国矿冶技术发展史提供了一批珍贵的实物资料。

黄石国家矿山公园

黄石国家矿山公园是利用大冶铁矿遗址建设的一座矿山公园，它位于黄石市铁山区，东临长江，西依雉山，主园区占地面积 3600 亩。园区内拥有世界第一高陡边坡之称的"矿冶峡谷"，形如一只硕大的倒葫芦，东西长 2200 米，南北宽 550 米，最大落差达 444 米，被誉为"亚洲第一天坑"。

据历史记载和考古发现，226 年，黄石国家矿山公园所在的铁山就有了开采活动，迄今已有 1792 年的历史。"孙权筑炉炼兵器，岳飞锻铁铸刀剑"，中国古代冶金工业文明在此薪火相传。1890 年，湖广总督张之洞大兴洋务，选择这里作为汉阳铁厂的原料基地,成为中国第一家用机器开采的大型露天铁矿。1908年,近代民族资本家盛宣怀将大冶铁矿与汉阳铁厂、萍乡煤矿合并,组建了亚洲最早、最大的钢铁联合企业——汉冶萍煤铁厂矿有限公司。因为这里的铁矿品位极高,是优质富矿,曾惨遭日寇大肆掠夺。日军侵华8年,从这里掠走的铁矿有近500万吨。1952年,大冶铁矿列入武钢集团,开始重建,1958年投产后成为全国十大铁矿之一,

"亚洲第一天坑" 何戈摄

最高年产量达到505.1万吨，被誉为"武钢粮仓"。20世纪70年代初，已形成采场年产原矿440万吨、选厂年处理原矿430万吨的综合生产能力，为武钢提供的铁金属量占武钢生产生铁产量的70%。难得的是，这里至今既是铁矿遗址，也是活矿区，深坑开采的铁矿源源不断地运上地面。

黄石国家矿山公园现有三大特色旅游体验项目，即"天坑飞索""井下探幽""激情滑草"。"天坑飞索"目前是华中地区最长的飞索，全长446米，最大落差38米。"井下探幽"通过实景展现的方式，真实体现矿工在地下开采时会运用到的各种支护方式，近距离感受井下矿工的生产方式。"激情滑草"项目占地6000平方米，下滑坡长120米，缓冲30米，坡道陡度为29.6度，全长150米，如彩带一泻而下。同时园区还有亚洲最大的硬岩复垦基地。从20世纪80年代开始，矿山人探索出了"废矿渣上种槐花"的生态复垦奇迹。赏花游成为园区新景观。

黄石国家矿山公园是中国第一家国家矿山公园，是国家4A级旅游景区、全国工业遗产旅游基地，入选《中国世界文化遗产预备名单》。

长阳人遗址

长阳人遗址位于湖北省长阳土家族自治县城西南45公里、赵家堰下钟家湾附近的关老山南坡，是一处海拔约1300米的洞穴。洞穴高约2米，宽约6米，平面呈不规则状，处于高山丘陵盆地，四周山峦起伏，怪石嵯峨，三五村舍，长阳人遗址就半隐于山坳之中，别具情趣。该遗址于2013年5月被国务院核定为第七批全国重点文物保护单位。

长阳人，是我国长江以南发现的最早的远古人类之一，属早期智人。1956年它被发现于被当地村民称为"龙洞"的石灰岩洞穴中，1957年由著名考古学家贾兰坡主持进行发掘。共存的动物化石均属华南洞穴中常见的大熊猫—剑齿象动物群成员，如豪猪、竹鼠、古豹、大熊猫、斑鬣狗、东方剑齿象、巨貘、中国犀等。

长阳人化石包括一件不完整的、保留有第一前臼齿和第一臼齿的上颌骨和一颗单独的左下第二前臼齿。化石的上颌骨和其他早期智人的一样，一方面保留了若干的原始性质，如梨状孔的下部较宽，鼻腔底壁不如现代人那样凹，而与猿类接近，犬齿比较发达等；另一方面又有许多与现代人相近的进步性质，如颌的倾斜度没有北京人显著，鼻棘较窄而向前，上颌窦前壁向前扩展超过第一前臼齿，颚面凹凸不平等。

长阳人遗址

从总体看，长阳人所具有的进步性质比原始性质要多，明显比北京人进步。长阳人生活的大山区，洞穴极多。这种环境为长阳人提供了良好的生存条件。在与长阳人伴出的动物化石中，有以嫩竹为食的竹鼠、大熊猫，说明当时这里有大片竹林；而东方剑齿象、中国犀和鹿类的存在，则说明附近还有开阔的林边灌丛和草原。

过去学者曾把大熊猫—剑齿象动物群的时代限定在中更新世，和北京人的时代相当。由于长阳人化石与该动物群共存，而长阳人又具有比北京人进步的体质特征，从而证明这一动物群的时代可延续到晚更新世。另外，关于长江中、下游阶地形成的时代，以往因没有动物化石可以借鉴，一直未能解决。长阳人及其动物群的发现，提供了洞穴和阶地的对比资料，解决了长江各阶地形成的时代问题，为南方的地层划分提供依据。

贾兰坡教授在《长阳人化石及共生的哺乳动物群》一文中说："'长阳人'的发现，不仅给江南动物群增加了新的种属，并为地层的划分提出了新的证据，同时给人类本身的分布与演化提供了新的资料。""长阳人"的发现，说明了长江流域以南的广阔地带同黄河流域一样，也是中华民族诞生的摇篮，在古文化的发祥史上具有重要地位。

枣阳雕龙碑遗址

雕龙碑遗址位于中国中部湖北省枣阳市鹿头镇的武庄村，是一处新石器时代中晚期氏族公社聚落遗址，距今约

6000年左右，是全国重点文物保护单位。这里自然环境优美，河流、山林和平原为古人类从事渔猎、稼穑提供了良好的条件。该遗址的发现，对于研究新石器时代南北方文化交流具有十分重要的意义。

雕龙碑古文化遗址

雕龙碑遗址于1957年被发现，1990—1992年发掘，目前已发现不同形式的房屋建筑基址15座，不同形状的原始人类生产工具、生活用品数千件，不少器物是同时代其他遗址所没有的。自1990年开始，中国社会科学院考古研究所先后对此进行了5次发掘，使埋藏于地下数千年的遗迹和遗物一层层、一件件重现光彩。在已发掘的1500平方米范围内，发现在文化堆积厚度达2.5米的文化层中，上下叠压着三个不同时期的房屋建筑基址21座、贮藏窖穴75座、土坑竖穴墓133座、氏族公共墓地2处、儿童瓮棺葬63座、动物葬23座、生产工具和生活用具等遗物4000余件。这些文物为中国史前文化研究提供了重要的新资料，许多内容属于首次发现。

在雕龙碑遗址现场看到，出土文物中有精致的石质工具，如石犁、石斧、石铲、石锄、石镰、石镢、石锛、石矛、石凿等；还有大量的陶纺轮、石纺轮、骨镞、骨锥、蚌器等。纺织工具出土量大，反映了这一时期纺织业普遍得到发展的事实。遗址还发现了大量的水稻颗粒和稻壳，大型的陶瓮、陶罐中储存有大量的栗、黍类粮食。出土的还有大量陶具，包括炊具、饮食用具、葬具、贮藏容器等。

已建成的雕龙碑遗址陈列馆，馆内面积有100多平方米，有7个房间和7个推拉式屋门遗址，现存高50厘米、宽40厘米的主题墙已经部分残缺。房屋建筑平面呈"田"字形分布，以"十"字形隔墙支撑大跨度屋顶，同时以此分隔成4个开间，房屋布局巧妙、实用、和谐完美。在每个房间里，靠近墙体或其近旁设置有灶围，有的灶置有火种罐。令人惊叹的是，遗址建筑已经使用了类似水泥的建筑材料，并将房屋建成单元式结构，并使用推拉式结构的房屋门，这在中国史前考古学中尚属首次发现且意义深远。

从雕龙碑遗址出土文物可以发现，远在6000多年前，北方中原地区仰韶文化的早期先民就拓展到这个地方。中国社会科学院考古研究所王仁湘教授认为，从雕龙碑遗址出土的文物来看，此地的推拉门房屋基址属国内首次发现，原始氏族聚落遗址完好，应是中华民族文化发展的一个关节点。

天门石家河遗址

石家河遗址是中国长江中游地区迄今分布面积最大、保存最为完整的新石器时代聚落遗址，位于中国湖北省天门市石河镇，东南距天门市城区约16公里，是全国重点文物保护单位、"中国20世纪100项考古大发现"之一，同时被列入国家文物保护"十一五"计划和国家大遗址保护项目库。石家河文化代表了长江中游地区史前文化发展的最高水平，在中华民族文明起源与发展史上占有十分重要的地位。

石家河文化遗存从相当于大溪文化的阶段开始，经屈家岭文化至石家河文化，有一个基本连续的演进过程，其演进轨迹分为三期。第一期属屈家岭文化，大约距今5000—4600年。这一时期，原始稻作农业开始快速发展，普遍使用磨制石器作为生产工具，纺轮数量大为增加且质量变得小巧，制陶开始普遍推广快轮技术。在一些古城聚落中，已出现了某种城乡分化的迹象。第二期属石家河文化早期，大约距今4600—4300年。这一时期，石家河居民在积蓄屈家岭文化能量的基础上，积极大胆地进行变革创新。生产工具改进很大，生产水平明显提高，私有制有了较大发展，原始宗教有了进一步规范，城乡分化更为剧烈，其文化特征明显不同于屈家岭文化时期。该时期是石家河文化最为繁荣兴旺的时期。第三期属石家河文化晚期，大约距今4300—4000年。这一时期，北方气候趋于干冷，华夏集团谋求生存向南迁移。在此大背景下，中原的原始文化大举南下，强烈影响长江中游的土著

石家河文化考古研究中心

文化，石家河文化融入了大量的龙山文化因素，石家河文化逐步走向衰微。

石家河古城是中国目前已被确认的新石器时代城址中规模最大的一座，其附属地点之多，分布面积之广，在同时期遗址中极为罕见，具有稀有性、独特性和典型意义。它不仅是中华民族的宝贵财富，也是世界人类发展进步的宝贵文化遗产。长江中游新石器时代文化是中华文化的重要组成部分，石家河遗址则是其典型代表，是研究中国史前社会生产、社会生活、社会性质、社会结构、人口分布、聚落的发展演变与民族形成与文明起源、邦国兴起原因的实物资料宝库，在历史发展和历史学研究中具有独一无二的研究价值。

石家河文化，与良渚文化、大汶口文化、红山文化、仰韶文化、陶寺文化一道，共同编织出一幅新石器时代多彩的文化画卷，共同推动着史前文化不断跨越文明发展与进步的一道道门槛。

"千年古县"大冶市

2017年12月22日，中国地名文化遗产保护促进会正式审核确认大冶市为"中国地名文化遗产千年古县"。大冶市成为湖北省首个荣获国家"千年古县"殊荣的城市。"千年古县"是由联合国地名专家组和我国民政部共同实施的"中国地名文化遗产保护工程"重点项目之一，依据"中国地名文化遗产鉴定标准体系"和"地名文化遗产重点保护对象鉴定标准"，在中国现存的800多个历史在千年以上的古县中，优选出 100 个历史悠久、文化积淀深厚、地名文化内涵丰富的古县，进行"千年古县"的重点保护和国内外宣传工作。

大冶，位于湖北省东南部，长江中下游南岸，湖北"冶金走廊"腹地，是华夏青铜文化的发祥地，历史悠久，源远流长。有 3000 多年的冶炼青铜史、1000 多年的建县史。早在夏朝，大冶先民就在大青山地区的铜绿山掘井采矿，点燃炉冶之火。宋乾德五年（967 年），南唐国主李煜升青山场院，并析武昌三乡与之合并，新置一县，按《庄子·大宗师》中"以天地为大炉，以造化为大冶"一语，取"大兴炉冶"之意，定名大冶。1000 多年来，大冶之名一直未变。如今，大冶以其综合实力被评为全国县域经济和县域基本竞争力"百强"县（市）、中国最具投资潜力百强县（市）、中国中小城市综合实力"百强"县（市）、中国工业"百强"县（市）、国家园林城市、全国文明城市。

此外，湖北有 29 个县（市）入围湖北"千年古县"。

先秦时期：江陵、当阳、安陆；

两汉时期：枝江、宜城、公安；

魏晋南北朝时期：监利、建始、石首、松滋、应城、云梦、竹山、远安、宜都；

隋唐时期：黄梅、谷城、麻城、巴东、南漳、枣阳、京山、长阳、兴山；

五代及宋初时期：嘉鱼、通山、潜江、崇阳、汉川。

第三节 三国胜迹

1800多年前,魏、蜀、吴三国纷争不已,同时也在湖北大地上刻下了深深的历史烙印。《三国演义》120回中,有70多回描述的风云故事发生于湖北,所留下的名胜古迹多达100余处。目前存有诸葛亮躬耕之地古隆中、赤壁古战场、古代城池荆州古城、关羽长眠之地当阳关陵等多处名胜古迹。

古隆中

襄樊古隆中是国家级风景名胜区、全国重点文物保护单位,国家4A级旅游景区、湖北省十佳景区,距襄樊市区13公里,至今已有1700年的历史。这里曾是三国时期蜀国最重要的奠基人诸葛亮早年隐居之地。诸葛亮于此"躬耕陇亩",刘备"三顾茅庐"引发《隆中对》,因此后人将此地称为"智者摇篮""三分天下的策源地"。

现在的古隆中是一个以诸葛亮故居为主体的风景名胜区。在明代时期这里就形成了"隆中十景",即草庐亭、躬耕田、三顾堂、小虹桥、六角井、武侯祠、半月溪、老龙洞、梁父岩、抱膝石。新中国成立后又先后修建或新建了隆中书院、诸葛草庐亭、吟啸山庄、铜鼓台、长廊、观星台、棋盘石、琴台、孔雀寨、猴山等众多景点。

　　隆中风景区山清水秀,碧波潺流,田园风光无限美好。进入古隆中风景区,首先映入眼帘的是一座三门石坊,即名闻天下的古隆中石牌坊,其正中便是"古隆中"三个大字,背阴写有"三代下一人",指诸葛亮是夏、商、周三代以来的第一才人。两边石坊刻有杜甫"三顾频烦天下计,两朝开济老臣心"之诗句,亦有《诫子书》中"澹泊明志,宁静致远"字句。转过石坊,后面就是诸葛亮曾"躬耕陇亩"逾十亩的躬耕田,土地方正,整齐有序。前行即为小虹桥,一拱形石桥如虹横跨在隆中山脚小溪上。相传刘备二顾茅庐时,在这桥边遇到诸葛亮的岳父黄承彦,见老人衣着不凡,便误以为是诸葛亮,立即滚鞍下马,趋前问候,闹了一场误会,小虹桥却因此著称于世。小虹桥直指向草庐的路径,隆中山畔有一草庐亭,依山向谷,环境幽静,

襄阳古隆中景区石牌坊

是诸葛亮当年躬耕草庐的遗址。

武侯祠位于隆中山腰,隆中传统十景之一,是供奉诸葛亮的祠宇。武侯祠是清康熙年间重建的,共有四进三院,祠内矗有诸葛亮、刘备、关羽、张飞及蜀汉政权中功勋显赫的文武大臣塑像,威武雄壮,栩栩如生。进入大门之后,浓阴遮天蔽日,立有六通石碑,其中最大为唐"蜀汉丞相诸葛武侯祠堂碑",被称为"三绝碑"。碑文对诸葛亮短暂而悲壮的一生作了重点褒评,竭力赞颂诸葛亮的高风亮节、文治武功。

一日隆中游,便知三国事。隆中风景区山岗重峦,幽峰莽苍,山不高大却壮美,水不深幽却灵秀。这里不仅有智谋双全的诸葛亮的三国故事,还有历代以来不少文人墨客风流雅士来此凭吊怀古的风流佳话,给后人留下无限的遐想。

荆州古城

荆州古城作为中国历史文化名城之一,其古城墙始建于春秋战国时期,曾是楚国的官船码头和渚宫,后成为江陵县治所,出现了最初的城郭。经过千年的风风雨雨,现耸立在人们眼前的雄伟砖城为明清两代所修造,是我国府城中保存最为完好的古城垣。

荆州在三国时期属于南北要冲,为兵家必争之地。终三国之世,无论是三国鼎足局面的形成,还是魏、蜀、吴霸业的兴衰,无不与荆州得失密切相关。三国著名将领曹仁、周瑜、关羽曾驻守这里,三国一系列重大的历史事件如"刘备借荆州""关羽大意失荆州""吕蒙袭荆州"等也发生在这里。

荆州古城护城河　曾跃摄

　　荆州古城逶迤挺拔、完整而又坚固。砖城厚约1米，墙内垣用土夯筑，下部宽约9米，墙体外用条石和城砖砌筑。砖城通高9米，周长11281米，砖城墙体用特制青砖加石灰糯米浆砌筑。特制大青砖每块重约4公斤，有的烧制有文字。在东门城楼的马道上可以见到部分已采取保护措施的文字砖，文字砖记载了操办城砖的官府、官员和时间。

　　荆州古城共有六座城门，即迎宾门（东门）、公安门（小东门）、安澜门（西门）、拱极门（大北门）、远安门（小北门）、南门。每座城门均设"双保险"，前后两道门，二门之间建有瓮城，以便"瓮中捉鳖"，置攻城之敌于死地。为缓解城内交通，中华人民共和国成立以后，新开城门三座，即新东门、新南门、新北门。新开的城门均无瓮城。原来的古城门上建有城楼,但遗憾的是仅有东门和大北门留之于世。东门又称"寅宾门",城楼为"宾阳楼",是迎接来使和宾客的城门。大北门又称"拱极门",是通向中原和京城的古驿道出口,每逢离别之时,百姓便于此表达依依不舍之情,因古人多折柳送行又被称为"柳门"。

"白帝城边醉放舟,夕阳荆楚此登楼。惊心割据三分地,放眼关河万里游。"这里曾流传下来的名人佳话不计其数。荆州古城是我国中华文化中的灿烂瑰宝,是我国古代灿烂文化的见证。

襄阳古城

襄阳古城,全国重点文物保护单位,位于汉水中游南岸,三面环水,一面靠山,易守难攻,故为历代兵家所看重。三国时期,这里便成为各路英雄争夺的战场,如孙坚攻刘表,曹操降刘琮、关羽攻襄阳等均发生在这里。襄阳古城是中国最完整的一座古代城池防御建筑。

襄阳城始建于汉,后屡经水患兵灾,历代各朝均有修复。明洪武初年维修古城时,汉水南岸北移,为使北城与汉水紧连,加强城东北角防御能力,把城向东北扩展,遂使城周长达 7.3 公里,面积达 2.5 平方公里。明清时期襄阳古城因汉水多次溃堤坏城而几经修筑,现存城墙基本上是明代的墙体,外砌大城砖,内用土夯筑,城门共有 6 座。万历四年（1576年）,知府万振孙为六门题名:阳春门、文昌门、西城门、拱宸门、临汉门、震华门，因西门是朝拜真武祖师庙的必经之路，故又称为"朝圣门"。襄阳古城在明清时期，古建筑保存较为完整：六门城楼高耸，四方角楼稳峙，王粲楼、狮子楼、奎星楼点缀十里城郭，金瓦琉璃，高墙飞檐，煞是壮观，整个城池都和谐地融为一体，给人以古朴典雅的感受。

襄阳城北、东、南由滔滔汉水环绕，西靠羊祜山、凤凰山诸峰。据山临水，蔚为壮观，明人李言恭诗赞"楼阁依山出，城高逼太空"。古城城下环以护城河，平均宽度180米，最宽处250米，是我国最宽的人工护城河，被称为"华夏第一城池"。整个护城河河面宽阔如湖泊，使得襄阳城易守难攻，

襄阳古城

固若金汤。素有"铁打的襄阳"之美称。

襄阳城墙最有名的一段是夫人城,夫人城位于襄阳城西北角。东晋太元三年(378年)苻丕领命向襄阳发动进攻。当时东晋的梁州刺史朱序奉命守城,他疏忽大意以至于对敌情轻敌误判。朱序之母韩夫人早年随丈夫朱焘于军中,颇知军事。当襄阳被围攻时,她亲自登城观察地形,巡视城防,认为应重点增强西北角一带的防御能力,并亲率家婢和城中妇女增筑一道内城。后苻丕果然向城西北角发起进攻,晋军坚守新筑内城,得以击退苻丕。后人为了纪念韩夫人的智慧及其英勇抗敌的精神,便以"夫人城"命名该段城墙。

襄阳城是座巍峨雄丽的古城。她以悠久的历史、灿烂的文化、丰富的文物古迹、壮丽的山川河流闻名遐迩。绕城泛舟游览,只见城垣高筑,垛堞处处,垂柳掩映,灌木葱茏,实是旅游一大好去处。

赤壁古战场

赤壁古战场是国家重点文物保护单位、国家 4A 级旅游景区,位于长江中游南岸,是我国古代"以少胜多,以弱胜强"七大战役中唯一尚存原貌的古战场。赤壁一战,三国鼎立;震古烁今,光耀环宇。赤壁古战场的历史定位以及文化影响都是举世无双的。兵家言:以少胜多,以弱胜强,必数赤壁之战。对于大多数国人而言,只有到了赤壁才知道"道、天、地、将、法"的高妙。

古赤壁战场遗址由赤壁山、南屏山、金鸾山三山组成。

东汉建安十三年（208年），曹操率80万大军南下，试图横扫江南，称霸天下。孙权与刘备结成5万人的联军，合力抗敌，他们利用长江天堑，采用火攻之计大破80万曹军，从而奠定了魏、蜀、吴三国鼎立的局面。这一场以少胜多的赤壁之战，留下了数之不尽的三国遗迹，也引得不少名人留下诗话。诗仙李白于此写下"二龙争战决雌雄，赤壁楼船扫地空。烈火张天照云海，周瑜于此破曹公"。

赤壁古战场

目前赤壁古战场景区的主要景观有：赤壁摩崖石刻、周瑜塑像、拜风台、凤雏庵、翼江亭、赤壁大战陈列馆、赤壁碑廊、千年银杏、三国雕塑园等数十处。

赤壁山矶头的临江悬崖上，有石刻"赤壁"二字，相传为周瑜所书，故也有人称此地为"周郎赤壁"，是赤壁现存最早的文化遗迹。赤壁山矶头还建有翼江亭，以赤壁山如金銮之翼搏击长江而得名。亭边塑有周郎石像，他傲对长江，肩披斗篷，手持利剑，壮志满怀地指点着江山如画。拜风台又名"武侯宫"，是纪念赤壁之战中诸葛武侯在此"设坛台、借东风、相助周郎"而建造的，诸葛武侯羽扇轻摇，巧借东风，借出千年来震古烁今的一战，借出一个三国鼎立的新格局。南屏山东南方的金鸾山上，有座凤雏庵，相传为赤壁之战时，

"凤雏先生"庞统披阅兵书之处，当年凤雏先生在此隐居巧献连环计。如今庵内千年紫藤繁花盛放，参天银杏苍翠如故。

一龙一凤，齐聚赤壁，让这一方土地借卧龙凤雏双英之势一飞冲天。历史连绵不断，山水历尽沧桑；遗台故垒，掩翳榛莽；陵台迭变，风烟犹存。

当阳关陵

关陵，原称"大王冢"，全国重点文物保护单位、灵秀湖北十大旅游名片之一，位于湖北当阳城区西北3公里处，与山西运城解州关帝庙、河南洛阳关林并称中国三大关庙，距今已有1700余年历史。关陵是为纪念三国蜀将关羽而建，乃关羽之陵寝。

东汉建安二十四年（219年），关羽败走麦城被吴兵所杀，孙权怕刘备报杀弟之仇，将关羽首级献与曹操，企图嫁祸于人，并将其正身以侯礼葬于当阳城西北，而首级被葬于洛阳关林，这便是"头枕洛阳，身困当阳"俗称的由来。

关羽陵墓，最初是座土冢。自隋唐以来，历代皇帝为关羽加封，使其成为武圣人，直至关帝，他的陵园也随之扩大，形成宏伟的规模。明嘉靖十五年（1536年），此地已建成陵园建筑群，始名"关陵"，沿用至今。关陵的建筑群凭借宫墙连接在一起，红砖黄瓦、富丽堂皇。陵园中轴线上，由前而后依次排列着神道碑亭、华表、石坊、三圆门、马殿、拜殿、正殿、寝殿、陵墓。神道碑上书：忠义神武灵佑仁勇威显关圣大帝汉前将军汉寿亭侯墓。陵园两侧分设八角亭、春秋阁、碑廊等。正殿为主体建筑，前檐悬"威震华夏"金匾，殿内供奉关羽父子和周仓的大型塑像，造型生动，威风凛凛，气概不凡。寝殿内有高大巍峨的关公铜像。寝殿后的墓冢，高7米，周长70米，墓周以青石为垣，环绕有石雕栏杆，刻"巨龙如海"等图案。墓前碑亭中，立有"汉寿亭侯墓"碑。

整个陵园殿堂森严，风景幽丽，古柏参天，远山近水，风景四季常新，加之三国故事脍炙人口，关公品德世人景仰，于是常有慕名而至的旅游者前来拜谒凭吊。

当阳关陵

鄂州吴王古都

鄂州地处长江中游，是湖北省历史文化名城，迄今已有1700多年历史，素有"吴王古都"之称。翻开湖北文化历史，会发现曾经有三个武昌，其中之一就是古武昌（今鄂州）。古武昌因其帝都威严、商贾云集、市场繁荣而名闻天下。

东汉末年，吴王孙权以"吴越之众，三江之固"，拔剑辟石，在这里告天称帝，取"以武而昌"之义改鄂县为武昌，定都于此，改年号为黄龙。高古而富饶的鄂州，自此以"吴王古都"之称独领风骚千余年。

"樊山八字形长在，汉鼎三分国尽墟。安乐故宫犹庙食，遗民时荐武昌鱼。"这是南宋诗人王十朋在今鄂州凭吊昔日孙权故都时所留下的诗句。当年吴王孙权迁都鄂县，改名武昌，同年修筑武昌城。城北临长江龙蟠矶，南眺南湖，东据虎头山，西依西山，为龙盘虎踞之地。城呈长方形，东西长1000余米，南北宽500余米，周长3000米，总面积约0.6平方千米。

据史籍记载，当时武昌城内建有武昌宫、太极殿、礼宾殿、安乐宫等大型宫殿建筑，宫瓦用澄泥做成，坚硬细腻，后世用以作砚，一瓦万钱。城有五门，各以所向为名，唯西北角多一流津门，连接吴王苑囿。

吴王城遗址在今鄂州市南郊百子畈，现存一段长约60米、宽10米、高4米的夯土城墙和形如带状的护城河痕迹。这是我国仅存的三国时期都城遗址，在考古研究和历史研究上都具有极重要的研究价值。

自吴王城出西门，有一座山临江而立，逶迤曲折，林木葱茏，古称"樊山"，又称"西山"，是当年吴王孙权避暑读书之地，现存有避暑宫、即位坛、读书堂、广宴楼、试剑石等遗迹。

西山寺是在当年吴王避暑宫旧址上修筑的，寺中大雄宝殿旁的月门上，正面写有"英雄避暑"，背面写有"清凉福地"，相传此地就是避暑宫殿旧址，今立有孙权塑像。

"千年往事人何在，遗迹犹存说仲谋"。吴王城、武昌楼、试剑石、读书堂……众多的三国遗迹，无不向人们诉说着1000多年前鄂州的风韵与辉煌。

鄂州吴王古都御花园　王性放摄

第四节　名人故里

湖北人杰地灵，人才辈出，从古至今涌现出许许多多名垂青史的著名人物。在历史长河的推进过程中，这些名人已成追忆，但他们的故事，依然代代相传于湖北各地的街头巷尾。名人故居就是后人们对他们最真诚的缅怀和纪念，让我们一起去走访那些命运各不相同的名人的故居，看看他们光辉而伟大的一生。

屈原祠

屈原祠又称"清烈公祠"，位于秭归县东1.5公里长江北岸的向家坪，占地面积约30亩，始建于唐元和十五年（820年）。后因修建三峡大坝再迁至秭归县新县城凤凰山屈原故里景区内，且按原貌重建。

迁徙后的屈原祠占地1.4万多平方米，倚山面江，坐北朝南，四周有橘林、竹林、桃园等，清幽雅致，景色宜人。屈原祠堂内包含有山门、屈原青铜像、东西碑廊、纪念屈原陈列馆、屈子衣冠冢等景观。

山门的建筑风格独具一格，歇山重檐，三面牌楼，六柱五间，三级压顶。牌楼上方正中的天明堂上为郭沫若手书的"屈原祠"三个大字，襄阳王树人所书的"孤忠""流芳"分嵌左

屈原祠

右额枋。屈原青铜像矗立在屈原祠中心的大坝上，屈原塑像头微低，眉宇紧锁，体稍前倾，迈动右脚，提起左手，两袖生风，展现出其忠君爱民的精神和高风亮节的气质。屈原殿堂后为屈原墓，随屈原祠迁徙而建，是清道光年间的文物。

纪念屈原陈列馆坐落在青铜像大坝上，系歇山大屋顶，白墙琉璃瓦，建筑面积640平方米，陈列馆正面匾额上悬挂有郭沫若辞世之前的手迹"屈原纪念馆"。整个纪念馆不仅陈列有在秭归出土的珍贵文物，还有介绍屈原生平的图片、绘画、诗词、乐曲、书法、屈原研究论文和历代各种版本的《楚辞》，对研究屈原文化具有相当重要的价值。

屈原虽已逝去，但人们却用各式各样的方式来祭奠其亡魂。在南方，每年的端午节，都会举办用来祭祀屈原的龙舟比赛。端午时节，包粽子、赛龙舟、祭祀屈原，已成为两湖人民习以为常的风俗。

昭君故里

　　昭君故里即王昭君的故乡，位于兴山县城西的宝坪村，后又名为"昭君村"。昭君村是一个山明水秀的好地方，临香溪水，背靠纱帽山，群峰林立，崖壑含翠，橘林去涌，香溪回环，杜甫诗中"群山万壑赴荆门，生长明妃尚有村"即指此地。

　　昭君村里目前存有昭君宅、望月楼、楠木井、梳妆台、玉字崖、明妃墩、琵琶桥等旧址遗迹，以及昭君陈列室、昭君亭、故里长廊、昭君像等。村里有一个垒石为基的屋台，

昭君故里

相传是王昭君望月楼遗址。据说，王昭君出生在一个皓月当空的夜晚，她从小喜爱月亮，经常登楼望月，村民于是称此楼为"望月楼"。望月楼已毁，现仅存下屋石台基。现在遗址上还置有古色古香的石桌、石凳和一具附近出土的汉代石兽。望月楼前有一口如菱花镜似的水井，井水清澈碧绿，四季不竭，冬暖夏凉，清甜可口。井台由瓷石筑成，中间有楠木，看起来十分醒目，因井中有一古楠木而得名为"楠木井"。井旁青石碑上镌刻有郭沫若夫人于立群所书"楠木井"三个隶体字。在昭君村附近，回水沱香溪至此突然急转南流，河底复有清泉涌出，形成回水深潭。此深潭名为"珍珠潭"，据说昭君入京应选临别故乡之时，临潭照影，映泉梳妆，将头上颗颗珍珠撒落潭中，潭水因而得名。

在昭君村还存有关于王昭君的许多美丽传说。昭君村有清秀的香溪河绕村前流过，河水清澈见底。每逢春天，河中都游动着半透明、圆圈形的桃花鱼，与沿岸的绿树和水下的五彩石交相辉映。相传此鱼与中国古代四大美人之一的王昭君有关。昭君嫁入匈奴之前，曾经返回故乡省亲，离别之时正是桃花盛开的季节。她一路弹着琵琶，想到从此将永别故土，不禁潸然泪下，连串的泪珠与水中的桃花漂聚一起，便化成了美丽的桃花鱼。

陆羽故里

陆羽的出生地天门以"陆羽故里"闻名于世。

天门至今还保留有不少与陆羽有关的遗迹。天门有一古雁桥，位于竟陵城西门外，传说是当年大雁庇护陆羽的地方。相传，陆羽在出生不久后就被遗弃，被一群大雁所庇护。智积禅师在漫步西湖之滨的时候，听到芦苇丛中有群雁喧哗，于是循声寻去，看见三只大雁用羽翼庇护着一个婴儿，便将婴儿收留在禅院抚养教育，这个小孩就是陆羽。后人为纪

陆羽故里

念陆羽，在此建石桥一座，取名"雁桥"。智积禅师喜欢喝茶，陆羽便经常为他煮茶。经过长期的煮茶、品茶实践，陆羽终于煮出了好茶，以至于智积禅师非陆羽所煮茶不喝。镇北门有一座"三眼井"，曾是陆羽煮茶取水处。井台旁边有一块后人立的石碑"唐处士陆鸿渐小像碑"，碑上刻着陆羽坐着品茶的情景，神态自得，颇有韵味。

位于竟陵西湖之滨的陆羽纪念馆，是以陆羽生平业绩为主题的具有古典园林特色的纪念博物馆。馆舍由前殿（即陆公祠）、后殿（即大雄宝殿）、涵碧堂、东冈草堂等建筑群组成。陆公祠内东壁悬挂着24幅图文并茂的"茶神"陆羽的生平简介展牌，西侧墙壁上悬拴着9块呈长方形的展牌，展现了《陆羽茶经》的全部内容，殿内中间展出日本茶道和韩

国陆羽茶经研究会所赠纪念珍品和书刊。整个殿堂典雅肃穆，生动地反映了陆羽潜心茶事业、严谨治学、博学多才的卓越事迹。后殿（即大雄宝殿）馆内第一楼陈列有全市历史文物和传世古物、珍宝等3000余件，第二层楼则展出天门市历代名人书画精品和部分革命文物。

天门人深以陆羽故里为豪，并致力于将天门市建设成"中国茶城"。目前，天门市以茶文化为核心，已建立起陆羽国际茶文化交流中心、西湖陆羽故园等相关文化园地。

东坡赤壁

东坡赤壁，又名"黄州赤壁""文赤壁"，俗称"赤壁公园"，位于古城黄州的西北边。东坡赤壁原名"赤鼻矶"，因临江断崖、屹立如壁，其岩石突出有如城壁一般且呈赭红色，所以称之为"赤壁"。北宋元丰三年（1080年），大文豪苏轼因受"乌台诗案"牵连，谪居黄州，苏轼在黄州任职期间曾多次到此游玩，并留下了大量诗赋，如《念奴娇·赤壁怀古》《赤壁赋》等，使赤壁闻名遐迩。清朝康熙年间，因苏轼号"东坡居士"，赤壁被命名为"东坡赤壁"。

东坡赤壁素有"风景如画"之美誉，依山势而建，占地面积约3万平方米。现存二赋堂、坡仙亭、睡仙亭、问鹤亭、酹江亭、放龟亭、挹爽楼、涵晖楼、留仙阁、鸟石塔、栖霞楼等景致。

进入赤壁公园大门，便是小桥流水的景象，草坪的尽端是个小广场，广场正中塑有苏东坡的巨型石像，高十余米，洁白无瑕，在阳光映衬下十分耀眼。苏公左手抄后，右手托书，目光迥然，直视前方，好一副书生意气。

进门不远处有一留仙阁，是后人为缅怀苏东坡而修建的。阁内有《苏东坡游赤壁图》的壁画以及非常珍贵的由苏东坡亲书的《乳母任氏墓志》碑文。与留仙阁相邻的是二赋堂，始建于清初，因纪念苏轼赤壁二赋而得名。堂内正中木壁高约两丈，正面刻有清人程之桢书写的《前赤壁赋》，背面刻有近代著名书法家李开重书写的《后赤壁赋》，汉隶魏碑二体相兼。两幅木刻每字直径三寸有余，前者豪迈俊逸，后者则苍劲有力。

东坡赤壁

与二赋堂相邻的有酹江亭、坡仙亭、睡仙亭、放龟亭以及问鹤亭等。在赤壁的最高处，巍巍耸立着黄州四大名楼之一的栖霞楼，楼内有仿苏轼手迹的行书作品《黄州寒食帖》，是书法中的精品。栖霞楼背山面江，每当日落西下之时，晚霞便染红整个江面，整个楼身如霞归栖，栖霞楼便是因此而得名。站在栖霞楼上，登高远望，波光粼粼，霞光潋滟，一片美景尽收眼底。

游东坡赤壁，感受历史文化古迹。这里不仅贮藏着历代杰出文豪的瑰玮墨宝，还记录着一代旷古奇才的沧桑足迹，令人无限感怀。

张居正故居

张居正故居，位于湖北省荆州市古城东大门内。由于历史原因，张居正原故居几经兴废，已毁于战乱。为了给后人提供缅怀、纪念张居正的场所，人们在荆州东门将张居正生前所住的屋子进行重建，成为现在的张居正故居。

重建的张居正故居为典型的四合院，小花园风格，生动地还原了历史的真实面貌和人文状况。

张居正故居紧挨荆州古城墙东门，城外是宁静的护城河，河水悠荡，故居安详，犹如摇篮中甜睡的婴儿。故居包括大学士府、九鸟苑、陈列馆、文化艺术碑廊、首辅论证群雕等景观。

走进故居大门的第一个院落，迎面就是太岳堂，左边为太师居，是张居正回乡葬父时期在荆州时的居所。因朝政仰赖其主持，当时凡国家大事皆快马报送荆州，张居正正是在此处理朝政。

太岳堂后向右走就是西花园，此花园别有特色。张居正故居是典型的园林艺术的代表之一，它不是苏州园林那样的小家碧玉，也不是皇家园林那样的大家闺秀，却是难得的朴素中带有书卷气，简单中不失高雅。西花园中有一些古时农家的物品，如水车、木质雕花床、蓑衣等。花园里还有小桥流水和亭台假山，假山后面还有几只高傲的大白鹅，见到人也不会避让，昂起它雪白优雅的脖子信步游荡。

穿过西花园的北门是张文忠公祠。张居正在世时候，建有世德庆源祠，祀其先祖。后由张居正的曾孙张同敞改为"张文忠公祠"，门口刻有一副对联："隆万年间千载遇，伊周而后一人难。"

张居正故居

祠堂的后面是文昌阁，院内有一颗长势茂盛的树，叫"祈福许愿树"，树下的牌子上记载着张居正与这棵树的奇妙渊源。不少游客来到此处拜一拜，许一个愿，希望也能如张居正那般心想事成、步步高升。

张居正故居内还有不少名人碑刻，可以称得上是碑刻艺术的瑰宝，是热爱书法碑刻之人的理想去处。

杨守敬书院

杨守敬书院位于长江、清江、渔洋河三水交汇的宜都市高坝洲库区，是鄂西生态文化旅游的核心景观带，这里存放

宜昌杨守敬书院

着杨守敬生前藏书的部分复制品和优秀的书法作品。

杨守敬书院是三峡地区第一个书院式景区，建于2005年，具有浓厚的清末民初建筑风格，主要由千碑林、观海堂、勤成讲堂、诸贤祠、继贤厅、东瀛馆、清源阁、问江山房、一得居、四宝堂、邻苏草堂等主要建筑组成。

杨守敬书院整个景区布局大致分为书院讲学区、藏书区、祭祀区等部分，主要承担杨守敬文化及中国传统文化的教育、传承功能，这里还可以进行藏书、学术交流，并祭祀中国古代历史文化名人。

守敬广场正中央伫立有杨守敬老先生的雕像，他站在苍茫天地间，双目注视着汩汩流淌的清江，神情笃定，显示出杨守敬先生严谨治学的风范。

李先念故居

李先念故居是全国重点文物保护单位、国家4A级旅游景区、红色革命旅游教育基地，位于湖北省红安县以南20公里的高桥镇，雄踞在红安县南部连绵起伏的丘陵岗地之中，南与黄陂木兰山生态旅游区、木兰天池自然风景旅游区隔湖相望。这里山清水秀，盛夏如春，人杰地灵，是全国12条红色旅游精品线路之一。现在对外开放的有李先念故居、李先念图书馆、故居纪念馆、纪念园牌坊式门楼等。

李先念故居纪念园呈现出狭长的院落结构形式，从纪念园大门进去后，路边是图书馆，后面就是故居和故居纪念馆。整个建筑群和周围的池塘、青山融为一体，朴实无华，保持了原有故居的样貌,充分利用了周围的景色,自然而和谐。

李先念的故居保持着原有的鄂东民间建筑风格,是李家祖辈租种地主的佃田时住过的房屋,现其内部以复原方式陈列展现出来。西侧两间是李先念父母的住房,1909年6月23日,李先念就诞生在这里,并在此度过了他的童年和青少年时代,尔后从这里走上革命道路。东侧三间是其哥嫂的住房,也基本上保持了原貌。进门之后为正厅,摆设有香案、方桌、椅子、纺线车等,靠右边的一间是卧室兼厨房,放置有床、储柜,还有柴灶等。

故居西侧是故居纪念馆,由20世纪70年代的高桥地区

李先念故居纪念馆

革命传统教育展览馆发展而来,以凝练的展示性语言反映从高桥镇走出的杰出的革命家、政治家、军事家李先念的伟大一生,用图片和文字展示他在革命、建设和改革开放不同历史时期的重大事件、业绩和历史功勋。

故居图书馆是按李先念在中南海居住的房屋仿造的,分为生活区、办公区、功能区,部分再现了李先念在京期间生活和工作的环境。图书馆收藏了关于李先念生平、红四方面军战史、新四军第五师发展史及农业科技等方面的图书4000多册。

"先天下之忧而忧,清风两袖;念人间之苦为苦,正气千秋",这是军旅作家刘亚洲为李先念故居纪念园所作,精确凝练地概括了李先念的戎马一生。

第五节　建筑瑰宝

一座精巧的建筑可以浓缩整个民族甚至人类社会文明的精华。荆楚地区拥有许多著名楼台园林和特色城池,如位于武昌的黄鹤楼,为古代江南三大名楼之一,依山瞰江,宏伟壮丽;恩施大水井集土家特色与西方建筑风格于一体,书写一个家族的荣誉史;恩施土司城彰显土司文化,演绎一个民族的建筑文化史……这些楼台与城池凝聚了荆楚子民的智慧与能力,在湖北各地熠熠生辉。

黄鹤楼

"昔人已乘黄鹤去,此地空余黄鹤楼。"在武汉市南岸的武昌蛇山峰岭之上,屹立着有"天下江山第一楼"之称的武汉标志性建筑黄鹤楼。黄鹤楼为国家5A级旅游景区,有"天下绝景"之美誉,始建于三国吴黄武二年(223年),由军事堡垒逐渐发展成为江城游览胜地。唐代著名诗人崔颢曾在游览黄鹤楼时题下诗歌《黄鹤楼》,使黄鹤楼远近驰名,闻名遐迩。黄鹤楼具有独特的民族建筑风格,与蛇山脚下的武汉长江大桥互为映衬,登楼远眺,能将武汉三镇的绮丽风光尽收眼底。

关于黄鹤楼以"黄鹤"为名的原因，一说原楼建在黄鹄矶上，后人念"鹄"为"鹤"，长此以往，口口相传，遂传成事实。另外一种说法则是带点神秘色彩的"仙人黄鹤"说。魏晋南北朝时期，盛行神仙之说，有关跨鹤之仙的传说，最早出现在南朝科学家祖冲之的笔下。他的《述异记》中的"驾鹤之宾"就是关于黄鹤楼得名的故事：黄鹤楼原址在湖北武昌蛇山黄鹤矶头，据传说，此地原为辛氏开设的酒店，一道

天下江山第一楼——黄鹤楼

士为了感谢她赠酒之恩，临行前在壁上画了一只鹤，告之它能下来起舞助兴。从此酒店宾客盈门，生意兴隆。过了10年，道士复来，取笛吹奏，便跨上黄鹤直上云天。辛氏为纪念这位帮她致富的仙翁，便在其地起楼，取名"黄鹤楼"。

黄鹤楼历经千年，屡遭兵火之灾，经过了多次重建。从唐以前的2层木制高楼，到宋以后的3层高楼，最后一座木质结构黄鹤楼毁于清光绪十年（1884年）。20世纪80年代重建的黄鹤楼为钢筋混凝土仿木结构。楼高5层，总高度51.4米，建筑面积3219平方米，内部由72根圆柱支撑，外部有60个翘角向外伸展，屋面用10多万块黄色琉璃瓦覆盖构建而成。檐下四面悬挂匾额，正面由著名书法家舒同题"黄鹤楼"三个大字。

黄鹤楼每层布置各不相同。第一层大厅的正面墙壁是以"白云黄鹤"为主题的巨大陶瓷壁画。四周存放各个朝代关于黄鹤楼的重要文献、著名诗词的影印本，以及各代黄鹤楼绘画的复制品。在二楼的大厅正面，刻有唐代阎伯理撰写的《黄鹤楼记》，对黄鹤楼的荣辱兴衰进行记载，两侧楼记分别是"孙权筑城"和"周瑜设宴"的壁画。三楼大厅的壁画则为唐宋名人的"绣像画"，如崔颢、李白、白居易、陆游等。四楼大厅用屏风分割成几个小厅，内置当代名人字画，供游客欣赏、选购。顶层大厅有《长江万里图》等长卷、壁画。

黄鹤楼因仙得名的传说为南来北往的游客插上了纵横四海的想象翅膀，满足了人们的求美意志和审美需求，令许多文人墨客留下了不少名传千古的篇章。唐代有崔颢、李白所写的《黄鹤楼》《望黄鹤楼》《黄鹤楼送孟浩然之广陵》等，当代有一代领袖毛泽东写下的《菩萨蛮·黄鹤楼》。黄鹤楼的美丽传说和经典诗篇,已使它成为国人心中不朽的文化瑰宝,万古流芳。

大水井

大水井是全国重点文物保护单位,坐落于利川市柏杨坝镇,是《龙船调》的发源地。它始建于明末清初,是长江中下游目前规模

大水井

最大、保护较好、艺术价值极高的古建筑群,集土家建筑特色与西方建筑风格于一体。其建筑群由李亮清庄园、李氏宗祠、李盖五庄园三部分组成,像一首由土家唢呐、木笛、叶笛、锣鼓加西洋长号奏出的三部曲,见证着一个家族的荣辱兴衰,凝固着一个民族的建筑文化史。

李氏庄园的建筑面积达 6000 平方米,有 24 个天井、174 间房屋。从建筑风格上判断,该庄园可分为两个部分。西南部分基本为李氏老宅旧貌,始建于明代晚期,木质结构,古朴典雅,具有浓郁的土家民族地方特色。东北部分为清乾隆后李氏不断改修扩建而成,采取砖木并作的方式,中西合璧,洋气大方。庄园最具特色的"走马转角楼""一柱六梁""一柱九梁"的建筑格局,备受建筑行业的推崇。更令人惊叹的

是整个庄园没有用一颗铁钉，全部采用木骨架，回廊、彩檐吊脚楼按"风水""八卦"及地理条件环环相扣，互相依托，互为衬顶，布局随心所欲但又恰到好处，并且不乏严谨，即使是下雨天，庄园的每个房间都不会很潮湿。

从李氏庄园右侧的边门而出，就可以看到李氏宗祠，它位于固若金汤的城池之中，巍峨的城墙与周围的地理环境映衬出的威严和霸气，令人望而生畏。城墙壁总长约400米，高8米，厚3米，墙梯依山势逐级升高，角梯皆由整块巨石建成，依次布设枪炮孔108个，严密地封锁着所有的通道，可谓壁垒森严，固若金汤。祠堂正面东侧有口小井，周围砌起了高高的围墙，围墙正面刻有"大水井"三字，这也正是大水井名字的来历。

坐落于群山环抱中的高仰台，是最后一任族长李盖五的庄园。此地原叫"葡萄翁"，因主人嫌其地名俚俗，遂取"高山仰止"之意更名。庄园占地2000余平方米，有房屋40余间，建筑飞檐翘角，精雕细琢，鬼斧神工，其匠心工艺丝毫不亚于与之遥相对应的李氏庄园。

300余年的历史在时代年轮中辗转交替，关于李氏家族的故事也在众人口中代代相传，一切神秘色彩尽挥洒在大水井的一墙一瓦中。大水井不仅见证了一个家族的兴衰，也见证了土家族文化在时代里闪现出的光芒。

鱼木寨

鱼木寨位于恩施利川西部，是一座立于四周绝壁顶上的土家族山寨，历来为土司盘踞和少数民族起义军征战的据点。鱼木寨占地6平方公里，有土家古堡、雄关、古墓、栈道和民宅，是国内保存最为完好的土家山寨。这里有保存完好的城堡寨墙、古栈道以及数十座技艺精湛的古墓石雕。鱼木寨因其古色古香的民俗风情，被人称作世外桃源。

　　鱼木寨明代时属于谭姓土司，因其独特的地理优势，这里一直是土司交战的重要据点。一次，马姓土司前来攻寨，但鱼木寨的险要地势令对方久攻不下。数月后守寨的谭姓土司扔下活鱼挂在前来攻寨的马土司帐前的树上，马土司见此叹道："吾克此寨，如缘木求鱼也！"于是，鱼木寨就有了这个名字。

　　鱼木寨四面悬崖如削，铁壁三层，螺峰四座，仅有一条两米宽的石板古道直通寨门。寨上现存古人居住、织布、榨

鱼木寨六吉堂　王勇摄

油、铸币的崖穴近100处；寨内有一鸡头沟瀑布，落差达100余米，瀑布流水有如飞珠溅玉，气势磅礴。寨内还保存有清代墓碑数十座，碑高都在5米以上，石雕技艺高超，工艺精湛。寨中的"三阳关"卡门、"亮梯子"石栈道均凿于绝壁之上，十分险要，巧夺天工。"亮梯子"每级用长1.5米、宽0.4米的条石筑成，一头插于岩臂，一头悬空，人走在梯子上，脚下就是万丈深渊，让人顿感毛骨悚然。

时至今日，这里仍有居民500余户，他们全部都是土家族人。其婚丧、饭食习惯，以及建筑风格都保持着独特古老的民族风情。寨子里的男男女女个个能歌善舞，热情好客。男子善饮酒，尤其是苞谷酒；姑娘们则爱绣花袜底，做布凉鞋。具有土家土味的甜酒糯米汤圆、阴米子、土腊肉、合渣至今仍是这里人们的主要饮食，也是土家族的特色美食，食之令人流连忘返。

鱼木寨还是一个人杰地灵的地方。在恢复高考后，小小的山村里走出不少大学生。寨上的民风也淳朴依旧，每个人脸上都洋溢着灿烂的笑容，眼里透出无限的真诚。当你感到走路劳累路边歇脚之时，便会有当地人盛情邀请你喝碗自家产的茶；当你感到饥饿乏力而停下脚步时，亦会有亲人一般的村民请你去吃饭！

恩施土司城

恩施土司城又称"墨卫楼"，位于恩施西北。土司城由苏州园林设计院设计、地方民间艺人承建而成，是一处土家族地区仿古土司庄园建筑群，也是目前全国规模最大、工程最宏伟、风格最独特、景观最亮丽的土家族地区土司文化标志性工程。

目前土司城城内已建成有门楼、侗族风雨桥、廪君祠、校场、土家族民居、土司王宫——九进堂、城墙、钟楼、鼓

恩施土司城九进堂　马占军摄

楼、百花园、白虎雕像、卧虎铁桥、听涛茶楼、民族艺苑等12个景区共30余个具有民族特色的景点。

土司城门楼也称"土司朝门"或"看楼",它集中表达了土司的威严和丰功伟绩。恩施土司城门楼高25米,宽12米,是榫卯结构的木楼,高大壮观且结构精良。两边的走马转角楼梯可盘旋至顶,层层相通相连。门楼门窗由200扇门、189块镂空雕花图案组成,内容多为戏文及民间传奇故事等。整座门楼还隐含着许多奇巧而又寓意双关的数字,如门楼高4层、12根柱、24根梁,这些数字寓意着一年中的四季、12个月和24个节气,在门楼设计中处处都可以发现有着吉祥寓意的设计。

土司城内的民居建筑都是具有土家族风情的吊脚楼。这些吊脚楼依山傍水而建成,房屋周围种植有果木与竹林,在一片绿掩丛林中显得亭亭玉立,颇有"小桥流水人家"的清幽之感。

九进堂是土司城最为核心之处,也是其建筑主体。它由333根柱子、333个石柱础、330道门、90余扇窗、数千块雕花木窗、上千根檩子、上万根椽木组合而成,进深99.99米,宽33米,总建筑面积3999平方米,是目前国内罕见的纯榫卯相接的木结构建筑。这些寓意双关的数字寄托着土家族人民对未来美好生活的向往。从远处望去,这座高低有序、错落有致的九进堂宛如一座雄伟巍峨的皇城,所以恩施土司城也有"土司皇城"之说。

土司制度是历史上封建王朝对少数民族地区实行归属中央、权力自治的一种政治管理体制。在新的历史时期,重建土司城的用意就在于遵从于真实历史，重现土司制度下的社会发展状况，对土家族的悠久历史和丰富多彩的民族文化进行保存，也为后世留下一份珍贵的回忆。

恩施女儿城

恩施女儿城位于恩施七里坪，是一座颇具特色的文化旅游古镇，也是中国的"相亲之都"。恩施女儿城坐西朝东，位

恩施女儿城　黄鹤摄

于五峰山腹地，背靠主峰，城前有淙淙流淌的洗爵溪经过。远看女儿城宛如一个大的聚宝盆，东流的小河溪形成了一个清澈的小湖泊，土家女儿城选址于此后，她便有了一个温婉的名字——女儿湖。不管是从风水上来讲，还是从建设布局上来看，恩施女儿城都是一块天然的福地。

恩施女儿城是以土家文化为核心，利用民间风俗、地方资源打造的土家族古镇，整体规划以及建筑风格都力图再现土家族原汁原味的少数民族风情。目前女儿城以土家吊脚楼形式建设了500多间风情客栈，还有800平方米面积的景观草坪，以及全国首创的室内情景剧场——女儿城大剧院，以视听盛宴全方位展示着土家族女儿的似水柔情。恩施女儿城还建有省内最大的水上乐园，让游客们在你侬我侬的泼水快乐中释放激情。

对恩施稍有了解的人都知道，恩施除了有深厚的土司文化以外，还有浪漫传奇的"女儿会"文化之说。这个被称作"东方情人节"的土家女儿会是土家族青年男女在追求自由婚姻过程中形成的以择偶为内容的节日盛会，目前已沿袭300多年。土家"女儿会"保存着古代巴人原始婚俗的遗风，其主要特征是以歌为媒，自主择偶。女儿会时，年轻姑娘通过对歌的形式寻找意中人，也有已婚妇女借此与旧情人约会，畅诉衷情。每当"女儿会"进行之时，青年女子便以节日盛装隆重出席——将长的衣服穿在里面，而短的穿在外面，一件比一件短，层层都能被人看见，把自己打扮成最漂亮的样子，谓之"亮折子"或"三滴水"，并佩戴上自己最好的金银首饰。在每年农历七月十二日这一天，未婚的青年男女就会早早地背着竹篾背篓到一个约定俗成的集市上去相会，买卖交换土特产是虚，谈情说爱是实。双方聊得投缘就到街外的丛林中去赶"女儿会"。这一传统节日充分凸显了土家族人浪漫热情、自由奔放的民族性格，在长期的历史流变中已经积淀成土家族独特的"女儿会"文化。恩施女儿城就是以"女儿会"文化为主题建设的民俗古镇，"女儿会"也将永久落户土家女儿城。

阳新阚家塘

阚家塘古民居位于湖北省黄石市阳新县排市镇下容村阚家塘组，是清朝乾隆年间李克瑞修建的李氏家族院落。这片院落坐落在山间的冲垅盆地上，湾中有东、南、北三股溪流如蛟龙绕过，村落宅居均靠北依山势而建。从地形上来看，阚家塘古民居是典型的山间盆地式古村落。

李氏家族院落初建时只有百余平方米，是独一天井的联五建筑，后来李氏家族人丁兴旺，加砖扩建，最终形成了分上中下三层，有3座大门、36个天井、108间房屋的家族建筑群落。李氏家宅长约100米，宽约20米，正面有3座大门，依建筑中心左右排列开来。屋内依傍着淙淙泉水，一片烟雾缭绕，走进去，如踏入仙境一般。院落的正门上书写着"盘谷清风"的字迹，寓意着李氏家族隐于山水之中而怡然自得的清静生活。

李氏家族院落的格局可分祭堂、公屋、客堂、厨房和起居室五种。祭堂一般为家族人的禁地，平常不会入内。客堂则以木雕藻井、雕花木窗装饰，甚为精致。公屋是家族人的活动场所，遇事聚会和操办家族大事均在这里举行。起居室所有房间都是按照同等规格的面积划分，不分长幼辈分。李氏先祖李克瑞的五个儿子和后代，所使用的起居室面积都是均等的，由此可以看出李氏家族院落的格局既显示着严格的封建礼教等级，也透露着儒家平等和睦的思想。

院落中防火、排水、采光系统的设计甚是独具匠心。在青砖与木质结构中，横向着的每5间房就有一道青砖防火墙

阳新阚家塘

直达建筑顶端，一旦出现火灾，可以借防火墙进行阻隔。这种防火技术即使在今天也仍然广为使用。36个天井的配置是解决江南多雨问题的特有方式，各天井与正门暗沟相连，也包含着四水归一、肥水不流外人田的小农经济的思想。在采光手段上，院落朝外只留倒喇叭开孔，既起到防御的功能，又能最大限度地采光、通风，而房间向内各木窗则一律使用精制木雕或木棂装饰，既赏心悦目，又增加了室内的明亮度。

阚家塘李氏家族院落，如碧玉一般隐落在青山绿水之中，即使300余年过去，岁月丝毫不减其魅力，反倒为其增添了几分韵致。如今，她的魅力将飘得更远！

第六节　宗教圣地

湖北省的民族成分相对复杂，宗教信仰也比较多样，因此境内名山古寺众多。其中佛教、道教源远流长，在湖北省各地建有多座宗教活动场所，如佛教归元寺、五祖寺、四祖寺，道教长春观、紫霄宫等。这些宗教活动场所不仅寄托着信徒们的信仰，还蕴含着丰富的文化底蕴。

四祖寺

四祖寺，又有"幽居寺""正觉寺""双峰寺"之称，因其作为佛教禅宗四代祖师道信的道场而常被称为"四祖寺"。它位于黄梅县城西北15公里的西山之中，创建于唐武德七年（624年）。四祖寺曾是中国佛教寺院中规模最大、僧众最多、香火最旺且声誉最高的名刹之一，也是全国首批僧众集体定居传法、过团体生活并实行农禅双修的典范寺院。

据相关史籍记载，四祖禅寺在唐宋时期盛极一时，整个古寺建筑殿堂楼阁800多间，僧侣达1000余人。目前古寺主体建筑有天王殿、大雄宝殿、地藏殿、祖师殿、观音殿、方丈室等。除寺庙建筑外，还有许多古迹景观，如一天门、二天门、花桥、碧玉流以及毗卢塔、鲁班亭、传法洞等30余处

黄梅四祖寺

景观。

四祖寺内生长有三棵古柏树，其中两棵龙柏树（俗称"倒插柏"），一棵云柏树（又称"祥云柏"）。云柏树枝盛叶茂，挺拔俊秀，相传是四祖道信亲手所栽，距今已有1300多年历史。

祖师殿里至今还保留着数件珍贵的历史文物，其中两件为清代青花瓷香炉，大的香炉左上方印有"大清同治十二年夏日"，右上方印有"姑塘镇冰思信士弟子敬"，中间印有"西山教主祖师菩萨莲座前"字样；小的香炉左上方印有"光绪甲辰卅年仲秋"，右下方印有"邓绍山敬酬"，中间印有"西山文昌君座前"字样。另一件文物为木质金字匾额，金匾题有"惟楚真灵"四个大字，笔力苍劲，古朴典雅，据传为宋朝皇帝所题。

在古寺北边的衣钵塔，是寺庙一大景观。相传，四祖道信大师晚年在此将衣钵传给了他的得意弟子五祖弘忍大师，为纪念此事，特造此塔。

在衣钵塔附近是一座石亭,俗称"鲁班亭",为寺庙三大奇景之一。六方形的亭身与伞形的亭顶都是"三实三空",而且高高的刹柱不在亭顶的正中心,而是向东倾斜约15厘米。在亭室中央六方形的须弥座上建有一座塔,造型奇特,竖置一幢禽蛋形状的塔身,无缝、无棱、无层级、无塔刹,硕大完美,浑圆规整,在我国现存古塔类型中称为"无缝塔"。如此奇特的造型和亦亭亦塔的组合方式,在我国现存古塔中难有匹比。

五祖寺

五祖寺,原名"东山寺"和"东禅寺",后世改称为"五祖寺",位于湖北省黄梅县东12公里的五祖镇东山之上。五

五祖寺晨晖　何峰摄

祖寺建于唐永徽五年（654年），是中国禅宗第五代祖师弘忍大师的道场，也是六祖慧能大师得法受衣钵之圣地，被御赐为"天下祖庭"。

五祖寺的整个佛寺建筑群，依山势由上、中、下三部分组成，整体像古代宫殿建筑，为中轴线平等布局，层次分明。寺院建筑面积近5万平方米，主要殿宇有麻城殿、圣母殿、千佛殿以及禅堂、寮房、客堂、戒堂等。其中有天王殿、大雄宝殿、毗卢殿和真身殿四大宫殿。天王殿和大雄宝殿虽为近年新修重建之殿宇，但保持了原有的古朴和气势，整个殿堂楼宇金碧辉煌，盘桓交错，层层叠叠，古色古香。

天王殿是寺院的主要殿堂，坐北朝南。殿门上方刻有宋真宗赐封的"真慧禅寺"匾额，殿中供奉的是弥勒佛，后座新塑韦陀佛像，他手持降魔金刚宝杵，象征秉公执法；东西两旁塑有四大天王，分别执杵、琵琶、伞、蛇，身披铠甲，目光炯炯，威武雄壮。天王殿后为大雄宝殿，大殿供奉的是释迦牟尼佛、药师佛和阿弥陀佛，三尊佛像形象魁梧，庄严肃穆。毗卢殿，据传此殿是麻城信徒朝拜五祖后，从200公里外的麻城挑来砖瓦修建而成，整体为硬山式建筑，四面砖墙均为重檐，外形如牌楼，上塑飞禽走兽等图案。真身殿是古寺仅存的清代砖木结构宫殿式建筑，整个设计巧具匠心，造型巍峨雄伟，由前、中、后三部分连接而成，前部为左钟亭、右鼓亭，中部为正殿。

五祖寺还有一处著名文物遗存即讲经台，相传是五祖弘忍及历代住持僧人聚集于此讲经说法的地方。讲经台是用砂岩条石筑成的，正面朝南，背连山脊，台西悬崖千丈，登上讲台，视野瞬间开阔，犹如置身天境之中。当年五祖就是在这里向 1000 多名僧人讲经说法。虽然五祖大师的身影现在已经无从瞻仰，但那刻在讲经台边的"阿弥陀佛"却象征着信徒们拜佛悟禅的笃定之心。

玉泉寺

玉泉寺又名"谷山寺"，俗称"佛爷寺"，位于湖北当阳玉泉山上，东汉末年开始建造，是天台宗创始人智者大师的道场和天台宗的祖庭之一。

当阳玉泉寺

玉泉寺曾与浙江天台国清寺、山东长清灵严寺、江苏南京栖霞寺并称为"天下四绝"，被誉为"三楚名山""荆楚丛林之冠"。

玉泉寺现存主要殿堂有弥勒殿、大雄宝殿、毗卢殿、韦驮殿、伽蓝殿、千光堂、大悲阁、十方堂、藏经阁、文殊楼、传灯楼、讲经台、般舟堂和圆通阁等。寺内的隋代铁镬、唐代吴道子石刻观音像、北宋铁塔堪称"玉泉三绝"。

大雄宝殿最为雄伟瑰丽，大殿为重檐歇山式结构，高 22 米，面阔 9 间（40 米），进深 7 间（28 米），两侧走廊内套封边墙。整座建筑由 72 根金丝楠木大立柱支承，立柱直径 2.2

米，结构严谨，技艺精湛，是湖北省现存最大、最古老的木结构建筑。殿侧有唐代著名宫廷画家吴道子所画石刻观音像，庄重肃穆，线条流畅。

玉泉铁塔，本名"佛牙舍利塔"，俗称"棱金铁塔""千佛塔"，始建于北宋嘉祐六年（1061年）。铁塔由地宫、塔基、塔身、塔刹四部分组成。地宫是石质的六角形竖井，内置汉白玉须弥座，座上置石函三重，函中供奉舍利。塔基、塔身均为生铁铸造，塔基须弥座八面铸有铁围山、大海、八仙过海、二龙戏珠及石榴花饰纹，座八隅各铸顶塔力士一尊，力士全身甲胄，脚踏千山，看起来雄壮威武。塔身平座上铸有单钩阑，塔身各作四门，两两相对，隔层交错。塔身上刻有铭文1397字，记载了塔名、塔重、铸建年代、工匠和功德主姓名及有关信息，还铸有佛像2279尊，俨然一幅铁铸佛国世界图。塔刹为铜质，形似宝葫芦铁塔。玉泉铁塔是我国现存最高、最重、最完整的一座铁塔，它对研究中国古代冶金铸造、金属防腐、营造法式、建筑力学、铸雕艺术以及佛教发展史都具有十分重要的价值。

随州大慈恩寺

随州大慈恩寺坐落于大洪山主峰宝珠峰顶，寺庙始建于唐朝宝历年间，是禅宗六祖慧能一系曹洞宗的发祥地之一，其佛教文化底蕴深厚，声誉甚广，是中国佛教历史上著名的佛教丛林。

大慈恩寺原建有宝珠峰上院（金顶）、九龙湖下院（大洪山禅院），建筑宏伟，香火鼎盛。后历经千年沧桑，屡遭战火灾患，屡毁屡建，直到抗日战争时期被完全损毁。

2009年，佛门泰斗本焕长老为报受戒寺院之恩，率衣钵弟子印顺大和尚，携十方檀越发大愿，在宝珠峰顶重建古寺。2011年底，寺院一期建设工程完成，慈恩寺金顶及大悲阁重建开光。整个建筑群依山而建，坐北朝南，呈"十"字形展开。金顶、瓦柱、门窗、四壁皆为黄铜铸造，高15.9米。

慈恩寺金顶在基础施工发掘的庙宇遗存中，发掘有100多件石刻石雕艺术品，大部分不同程度残损，小部分完好。

鸟瞰大慈恩寺金顶　陈勇、赵融　摄

这些石刻石雕，主要为建筑物构件、饰品，如石门框、石门槛、石门楣、门饰、柱础、牌匾、碑刻，还有庙匾、门联、拴马石，从中可以寻见各个时代的建筑风格和装饰特色。其中最难得的是一对雕工精细的青石门联，刻着"汉东地阔无双院，楚北天空第一峰"的联语，证实了古人对大洪山和大洪山庙宇的赞誉。

2012年2月，在大慈恩寺二期工程开工过程中，开挖大雄宝殿地基时，在其附近发现了一座近200平方米的长方形古建筑，由齐整的矩形条石呈东西方位垒砌。经专家断定，此地为大洪山唐宋时期宝珠峰洪山寺古莲花池遗址。此古莲花池遗址位置正处古洪山寺和在建的慈恩寺的正中心位置，即现在的大雄宝殿之下。为保存古莲花池遗址原貌，大洪山景区更改了大雄宝殿的设计方案，拟建地宫。慈恩寺地宫除保存了古莲花池原貌外，还陈列出土的各朝部分代表性文物，供奉有本焕长老的舍利函以及本焕长老生前所使用的禅杖、锡杖等法器，同时在西面墙壁镌刻《大洪山十大高僧弘法图》巨幅石雕壁画。

登临宝珠峰慈恩寺，在感受寺庙建筑群中青灯古佛的优美意境之时，还可以参观地宫，穿越千年，欣赏大洪山佛教文化的灿烂瑰宝。

宝通寺

宝通寺位于武昌区洪山南麓，被称为"三楚第一佛地"，为武汉市佛教"四大丛林"之一。宝通寺历来是皇家寺院，曾得到十位皇帝和六位王侯的大力护持。1983年宝通寺被国务院确定为汉族地区佛教全国重点寺院，1992年被列为湖北省文物保护单位。

宝通寺历史悠久，饱经沧桑。寺院始建于南朝刘宋时期，至今已逾1600年，是武汉现存最古老的寺庙。它初名"东山寺"，唐贞观年间改名为"弥陀寺"，南宋端平年间易名为"崇宁万寿禅寺"，明朝成化年间正式改名为"宝通禅寺"，民间习惯将其简称为"宝通寺"。历史上的宝通寺屡遭战火又屡次重建，如今寺内建筑大多是清末保存下来的。

宝通寺建筑风格别致，气势宏伟。进入宝通寺山门，可见古木苍翠，楼阁错落，放生池、圣僧桥、接引殿等依山而建，东西厅、大雄宝殿、祖师殿层叠有致，禅堂、佛学院古朴幽静，寺庙布局严谨有序，错落而不松散，体现出皇家寺院的庄严与气派。

宝通寺

宝通寺文物荟萃，古迹繁多。寺内有传为岳飞亲手栽植的岳飞松，周边有宋朝古钟、明朝石狮以及清朝的藏经等佛教文物珍品，更有洪山宝塔、华严洞、白龙泉等胜迹，亭台、奇石点缀其间，花繁林茂，曲径通幽，可谓移步换景，让人流连忘返。1994年，武昌佛学院在宝通禅寺复办，这里成为重要的僧伽教育基地之一。

宝通寺的故事动人而富有内涵。传说唐朝宝历二年（826年），洪州（今江西南昌）开元寺善庆大师云游到随州大洪山修建了灵峰寺。善庆大师圆寂前，为祈雨救护庄稼，毅然割下双足留于寺内，意为升天以后仍要为乡人利益奔走，这双"佛足"便成为灵峰寺的镇寺之宝。南宋理宗端平年间，荆湖制置使孟珙为了防范金兵南侵，便将"佛足"迁至武昌东山，改"东山"之名为"洪山"。1259年，忽必烈南征武昌时，取"佛足"随军以鼓舞士气。忽必烈登上皇位后，又将"佛足"奉还洪山。战乱使"佛足"四处迁徙，客观上促使随州、武昌各有一座洪山，成就了中国人文地理上的一段佳话。

如今的宝通寺，不仅是佛教圣地，也是著名旅游景点，到宝通寺上香、拜佛、念经、祈福、吃素菜，成为很多市民缓解压力、修身养性的一种生活方式。

归元寺

归元寺位于武汉市汉阳区，建于清顺治年间，是湖北省武汉市的一座著名佛教曹洞宗寺院，为武汉佛教"四大丛林"之首。归元寺之名取《楞严经》"归元性不二，方便有多门"

之语意，表达佛法相同，但修行的方法各有不同之意。

归元禅寺建筑紧凑合理，寺院坐西朝东，寺内分前、后两区，前区（老区）由北院、中院和南院三个各具特色的庭院组成，拥有藏经阁、大雄宝殿和罗汉堂三组主体建筑群。

北院的主要建筑是藏经楼，里面藏有许多佛教文物，除藏经外，还有佛像、法物、石雕、书画碑帖及外文典籍，是国内收藏佛像较多的一个佛寺。其中收藏的两件珍品堪称举世无双，一件是由《金刚经》和《心经》原文共5424个字组成、在长宽不超过6寸的纸上书写的"佛"字，每字仅芝麻大小，却清秀脱俗。另一件是武昌僧人妙荣和尚刺血调和金粉抄成的《华严经》和《法华经》。

中院的主体建筑是大雄宝殿。大殿正中供奉着释迦牟尼坐像，两侧为其弟子阿难和迦叶像。佛像的后背是用樟木雕

武汉归元寺

刻的"五龙捧圣"图案。佛像前还有韦驮、弥勒、地藏像。

南院的主体建筑是罗汉堂。民间有句谚语："上有宝光（成都），下有西园（苏州），北有碧云（北京），中有归元（武汉）。"也就是说上述的四个寺院的罗汉堂具有典型代表性，代表着佛教塑像的最高水平。归元寺的罗汉堂由黄陂的王代父子历经9年精心刻成。整个罗汉堂布局呈"田"字形，分成四个小天井，罗汉依"田"字排列，这样殿堂里尽管安放了500尊尊者塑像，却没有任何拥挤之感。游罗汉堂之时必不可少的就是"数罗汉"了，据说游客随便从一尊罗汉开始数起，按照自己的年龄数完相应的罗汉数，最后的罗汉即代表其当年的运气。归元寺图书馆是全国首家由寺院完全发起、信众共建、并向社会公众开放的现代化佛教主题图书馆。藏书前期以佛学书籍为主，逐渐增加其他门类书籍，最终达到藏书20万册，佛教书籍占40%，其他类书籍占60%。

归元禅寺，是"寺在山下，藏于林中"和"百尺茂林，千竿修竹，红分日刹，绿绕云房"的别致寺院，也是善男信女们的精神道场。

长春观

长春观位于武昌大东门东北双峰山南坡，黄鹄山（蛇山）中部，是我国道教著名的十方丛林之一，为历代道教活动场所，被誉为"江南一大福地"。观内崇奉道教全真派，以其创始人重阳祖师门人邱处机道号"长春子"命名。

长春观有闻名于世的"三绝"，分别是全国唯一一块留存的"天文图"碑、别具特色的藏族风格及欧式风格的建筑以及乾隆帝御赐的"甘棠"石刻。在新中国成立初期,全国曾留有三块"天文图"碑,为道教天文学家所留,上刻有"谕旨"二字。如今仅留长春观一块全图碑,乃为一绝,是极其珍贵的天文学文物。

兼具藏族风格及欧式风格的建筑也是长春观的重要特色。一是因为清末助建长春观的钦差大臣是满族人,崇信藏传佛教,因此所用的工匠也都受其影响,将藏族吉祥物大象及藏红花图案装饰在殿堂内。二是因为清末长春观的住持侯永德原是左宗棠手下的一员将官,后出家为道人,在长春观时受到西方思潮的影响,将欧式风格和中式风格相结合,并且主持建成全国绝无仅有的以欧式风格为主体的道教建筑——道藏阁,其屋檐上用水泥"堆塑"而成的传统花饰堪

武汉长春观

为一绝，但今天这种工艺已无人掌握。

另外一绝就是位于道藏阁前的乾隆亲书石刻的"甘棠"二字，此二字也是在道教建筑中为数不多的帝王题词，亦称为一绝。

今天的长春观隐于闹市，不仅是道教徒修身布道的著名活动场所，也是现代都市一景。穿梭其中，犹如穿越时空，历史与现代文明辗转交错。

老祖寺

老祖寺，古名"紫云山寺"，位于黄梅县北部紫云山莲花峰下。老祖寺周围群峰耸立，危岩参天，云雾缭绕，风光绮丽，乃不可多得之人间仙境、避暑胜地，因而有"紫云佛国"之美誉。

据史料记载，老祖寺乃东晋太和年间，由印度来华高僧千岁宝掌禅师开山创建。宝掌禅师自周威烈王十二年（公元前414年）丁卯降世至唐高宗显庆二年（657年）示寂，住世1072岁，人称"佛门第一寿星"。据传宝掌禅师比禅宗初祖达摩来中国还早300余年，当其行化紫云之时，恰值禅宗四祖道信、五祖弘忍住持破额、冯茂二山，因其年高腊长，人皆称之为"老祖"，尊其所创伽蓝为"老祖寺"。

老祖寺自宝掌禅师开山以来，历代高僧辈出，兴盛时曾多达600多名僧人常住。相传宝掌和尚圆寂百年后，六祖慧能的三传徒孙天王道悟卓锡登临紫云，扩建寺院，缘得乌沙潭龙王力助，粮、木俱全，因此老祖寺前至今还有"出米池""出木池"等神话传说遗址。宋、元、明三代,有静川、道安、香村等高僧大德继席于老祖寺,清有顺治皇帝赐封为圆照国师的慧恩法师住山持

黄梅老祖寺

戒,一时四海僧侣云集,佛殿依山叠起,广二百余间,常住僧尼百余,香火旺盛,万方尊仰。明朝时期,兵部尚书汪可受于此建挪步园山庄,老祖寺因而并入有"小庐山"之称的挪步园风景区。老祖寺景区目前有莲花桥、讲经台、菩萨洞、紫云霁雪、紫云瀑布、龙溪潭等28处名胜景点。

"好山好水佛门占",老祖寺亦是如此。老祖寺所处的紫云山莲花峰,状若莲瓣相聚,故以莲花取名。其下有盆地,老祖寺坐落其间,恰如莲心吐蕊,花瓣托心。

鄂州西山清泉寺

鄂州西山清泉寺,即古灵泉寺,位于鄂州西山的青龙、白虎二山之间,是中国佛教"净土宗"的发源地。古灵泉寺原是东晋高僧慧远所建,寺中有泉水从崖穴间流出,又因迎文殊菩萨像供奉于此,盛传泉中有灵光呈现,故称此泉为"菩萨泉""灵泉",西山寺亦因此得名为"古灵泉寺"。

古灵泉寺最初是建在原吴王避暑宫的基础之上，整座寺院面积为4700平方米，是西山上的主体建筑。在建寺后的1700余年中，寺名几经更迭，三国时名为"圆通阁"，南北朝称作"积翠山房"，隋名为"西山寺"，宋元中称"灵泉寺"，明代称"资福寺"，清代改为"古灵泉寺"，一直沿袭至今。关于古灵泉寺的建立，还有一段动人的故事。相传晋代陶侃由武昌（今鄂州）太守升迁为广州刺史，差人从海中捞得文殊师利金佛像，便送往西山寒溪寺中供奉。后陶侃转迁任江州刺史，便想把金佛也一起运到浔阳去，不料人力搬移不动，只好仍留在西山寒溪寺。后来，文殊菩萨托梦给当时的佛教

西山古灵泉寺　王性放摄

领袖慧远高僧,说武昌西山为清凉福地,是"清净乐土"。慧远就在吴王孙权避暑宫故墟卓锡,修建灵泉寺,开创"净土法门"。

目前西山清泉寺中有一堂(文殊师利堂)、三泉(滴滴泉、涵息泉、活水泉)、六殿(天王殿、拜殿、大雄宝殿、观音殿、武圣殿、念佛殿)。

寺内殿堂全是砖木结构,莲花斗拱支架,重檐飞阁,红椽碧瓦,工艺精巧,气势宏伟。殿中佛像,姿态各异,栩栩如生。寺内的菩萨泉清澈而甘甜,浓郁醇厚,寺内众僧都以此泉水和面,制成的东坡饼香甜黄脆,入口即融,是湖北一大特产。

西山清泉寺见证历史的兴衰荣辱,本身也历经几度兴废,但是其香火千年不曾断绝。

新洲报恩禅寺

报恩禅寺位于新洲区道观河风景旅游区,青龙山南麓、道观河水库北岸,占地面积134亩,建筑面积约2万平方米。

新洲报恩禅寺

报恩禅寺之名取自《大乘本生心地观经》《大方便佛报恩经》中的"报国土恩、三宝恩、父母恩、众生恩"。禅寺始建于南朝梁代梁武帝萧衍天监年间，宋朝宣和年间更名为"神霄宫"，后又复改为"报恩寺"，由丞相李纲书寺名匾额。为万人唾骂的南宋奸臣秦桧之兄秦梓曾在寺院之侧隐居，报恩寺因此亦有"秦公寺"之称。秦梓长子秦育曾作《报恩禅寺碑记》，但已散失。报恩寺自始建之日至今已走过约1500年的风风雨雨，尽管多次遭到破坏，但仍屹立至今。

报恩禅寺于1992年重建，1994年10月20日落成开光。全寺由山门、天王殿、大雄宝殿、钟楼、鼓楼、观音殿、玉佛殿、法堂、斋堂等组成。整个寺院庄严肃穆，雄伟壮观。山门、天王殿、大雄宝殿、法堂、藏经楼处于同一轴线，在落差数十米的山坡上依山而建，梯次而上，蔚为壮观。禅寺内佛像法相庄严，均为泥塑镀金，各大殿佛像镀金所用黄金总重达20公斤。卧佛殿内供奉了一尊释迦牟尼玉石卧像，由整块汉白玉石雕成，法像逼真、安详，静卧于高榻之上。法像长5.7米、高1.5米、重9.7吨，为楚天第一汉白玉石卧佛。大雄宝殿内，诸佛及众菩萨法相庄严，或坐或立，或参禅，或说法，造型各异，栩栩如生，堪称楚天第一大殿。

第七节　革命胜迹

近代以来，湖北是拥有众多荣光的革命重镇。辛亥革命在武昌打响第一枪，武昌军政府旧址如今成了辛亥革命纪念馆。大革命时期，国民政府从广州迁到武汉，武汉成为全国革命的中心，"八七"会议旧址似乎仍在向后世诉说当年的故事。著名革命老区红安被誉为"中国第一将军县"，培养了不少铮铮铁骨的将士。众多红色记忆遍布湖北，拜访这些革命旧址，瞻仰革命烈士，郑重地敬上一个礼，心中谨记：缅怀先烈，铭记历史。

辛亥革命武昌起义军政府旧址

辛亥革命武昌起义军政府旧址现为辛亥革命纪念馆，位于湖北省武汉市武昌蛇山南麓的阅马场北端。旧址现保存完好，因主体建筑为红砖砌墙、红瓦覆顶的红色两层楼房，因此又被称为"红楼"。

红楼原是清政府于宣统元年（1909年）所建的湖北省谘议局大楼，此楼1908年开始筹建，1910年落成，建筑面积达6000余平方米。1911年10月10日，武昌起义的一声枪响揭开了辛亥革命的序幕。起义取得成功后，革命党人在这里设立了湖北军政府，后改为鄂军都督府，并颁布第一号公告，宣告废除清朝宣统年号，封建帝制从此结束，清王朝被推翻，红楼因此也被誉为"共和之门"。

红楼主体建筑为两层砖混结构的西式洋楼，坐北朝南。它采用的是近代资本主义国家的行政大厦和会堂的建筑形式，大楼平面呈"山"字形，前方及两翼是门厅和办公室，后方则布置有会堂，门廊异常突出，屋顶则有圭形钟楼。大楼后方也是一座两层楼房，两侧各有一排红色平房。红楼旧址面对着阅马场，院门外正前方立有孙中山铜像，仪表庄严祥和。

1981年，在辛亥革命70周年之际，红楼建立起了辛亥革命纪念馆，复原了军政府大门、军政府会堂、黎元洪起居室和会客室以及孙中山驻鄂会客室、黄兴召开军事会议的会

辛亥革命纪念馆

议室和宋教仁起草《中华民国鄂州临时约法草案》的军政府秘书处等历史遗迹，生动地再现了当年的真实场景。同时馆内也保存、陈列了有关武昌起义的大量历史资料和革命文物。

辛亥革命武昌起义军政府旧址作为帝制覆灭和共和制建立的历史见证，具有十分重要的文物价值。

"八七"会议会址

"八七"会议会址位于武汉市汉口鄱阳街139号，1978年被辟为"八七"会议会址纪念馆，依托旧址而建。1982年它被国务院公布为第二批全国重点文物保护单位，2000年被团中央命名为"全国青少年教育基地"，同时也是全国爱国主义教育示范基地，2004年被国务院列为"全国百家红色旅游经典景区"。

"八七"会议会址是一栋三层结构的西式洋楼，建于1920年，占地约200平方米，建筑面积500多平方米。一楼原是外商开办的商店，二、三楼为住房。国民革命军北伐占领武汉后，二楼设成苏联援华农业顾问洛卓莫夫的住处，"八七"会议就是在洛卓莫夫的住房内召开。

目前"八七"会议会址保存完好，进行过两次修缮，并于1978年建成"八七"会址纪念馆，"八七会议会址"的门匾就是邓小平参观纪念馆时写下的。现馆内一楼举办有《八七会议历史陈列》，辅助陈列分为三个部分，即"风云突变""重大转折""星火燎原"，展出的文物和珍贵历史资料，再现了"八七"会议的历史。二楼的原状陈列，复原了"八七"会议

"八七"会议会址

会场,通过简单而朴实的陈设展示当年开会的历史实况。另外还辟有临时展厅,以举办反映党史和祖国建设成就等方面的展览为主。

中央农民运动讲习所旧址

中央农民运动讲习所坐落在武昌红巷13号,全称为"国民党中央农民讲习所"。它是第一次国共合作时期,在中共推动下,由国共两党共同创办的一所培养农民运动干部的学校。农讲所是以训练能领导农村革命的人才为培养目标,由毛泽东实际主持工作的场所。许多著名的共产党人、国民党左派和知名人士如瞿秋白、李立三、恽代英、彭湃、方志敏、陈荫林、于树德、李汉俊、何翼人、李达等都曾在这里任教。

农讲所从1926年底开始筹备,1927年3月7日正式上课,4月4日举行开学典礼,学生来自全国17个省,共800余人。恽代英、瞿秋白、彭湃、方志敏、李汉俊、李达等分别讲授主要课程。毛泽东亲自担任《农民问题》和《农村教育》等主要课程的教学工作,并作了著名的《湖南农民运动考察报告》的专题报告。1927年6月18日,农讲所举行毕业典礼。大多数的毕业生被委任为农民协会特派员,成为领导农民运动的骨干。大革命失败后,许多师生参加和领导各地的武装起义,为革命事业作出了不朽的贡献。

农讲所旧址

农讲所旧址建于1904年，这里原是清末湖广总督张之洞举办的北路学堂，民国时期改为湖北高级商业学校，学校占地面积约12000平方米，建筑面积为4000平方米，由四栋砖木结构的房屋组成，中间有一个大操场。1958年对旧址进行了修缮整理，并按当年原貌作复原陈列，筹建纪念馆，由周恩来亲笔题写"毛泽东同志主办的中央农民运动讲习所旧址"匾额，悬挂于大门上。现展出的有常委办公室、教务处、总队部、大教室、大操场等复原陈列和反映农讲所历史的辅助陈列。

距农讲所200米远的都府堤41号，是毛泽东主持农讲所工作并在武汉从事革命活动时的旧居，其夫人杨开慧及三个儿子皆于此与他同住。毛泽东就是在这里完成了他的经典著作《湖南农民运动考察报告》。

红安革命烈士陵园

红安革命烈士陵园位于湖北省红安县县城陵园大道边的稞子山上。陵园主要纪念建筑物有"一碑两场两园五馆"，即黄麻起义和鄂豫皖苏区革命烈士纪念碑，纪念碑广场、历史纪念馆下沉广场，将军墓园、老红军墓园，黄麻起义和鄂豫皖苏区革命历史纪念馆、黄麻起义和鄂豫皖苏区革命烈士纪念馆、董必武纪念馆、李先念纪念馆、红安将军馆。

走进陵园大门，首先映入眼帘的是高大雄伟的革命纪念碑。碑座上镌刻着叶剑英、徐向前、李先念等人的题词，正面塑有五星碑徽，台座正中为汉白玉雕成的花环，左右分嵌有再现黄麻起义和苏区军民坚持武装斗争、保卫苏维埃政权场景的浮雕。

红安革命烈士陵园

董必武纪念馆由徐向前元帅题写馆名。馆内展览主要介绍董必武的光辉履历和革命经历,通过740余件珍贵照片、字画、硅胶像等,生动形象地再现了董老光辉战斗的一生,以及他为中国革命和社会主义建设事业作出的重大贡献。

李先念纪念馆,由陈云同志题写馆名,与董必武纪念馆呈对称式布局。原党和国家领导人江泽民、李鹏、乔石、李瑞环都曾为纪念馆题词。纪念馆由序厅和四个陈列室、文物库房、李主席办公室复原陈列几个部分组成。它们以"从木匠到将军""从深入敌后到经略中原""从领导湖北到为国理财""党和国家卓越的领导人"四个单元展示了李先念集平凡和非凡、朴实和传奇于一身的个人风采。

纪念馆位于烈士陵园的中心位置,其建筑风格既有着中国古典园林的韵致,又有现代建筑的简约,是陵园内外最雄伟壮观的标志性建筑,也是陵园一碑五馆中的亮点。历史纪念馆展出文物645件、照片766张、艺术品33件(组),以序厅大型雕塑《大别雄风》开篇,以尾厅《将军摇篮》结束,将整个展览推向高潮,是历史的重要见证。

红安烈士陵园是净化心灵、提升人格的圣地,也是广大党员干部学习党的历史、加强党性锻炼的场所,更是广大青少年认真学习革命的优良传统、坚定民族信念的重要课堂。

红安七里坪镇

红安七里坪镇位于河南和湖北边际的大别山南麓，黄麻起义最早于此策划，红四方面军于此孕育和诞生，同时这里也是全国仅次于井冈山的第二大根据地，鄂豫皖革命根据地的中心，曾被命名为"列宁市"。作为中国革命的重要见证者，这里的革命遗址十分丰富，而革命文物最为集中的地方就是长胜街。作为七里坪镇的一条主街，长胜街原名"正街"，也曾被命名为"杨殷街"，全长650米，街内由北向南依次保留有光浩门遗址、七里坪工会、郑位三故居、苏维埃银行、红军饭堂、经济公社、中西药局、红四方面军指挥部、列宁市杨殷街旧址、革命法庭等18处革命遗址。1930年，鉴于鄂豫皖地区革命运动不断高涨，党中央为了指导革命顺利发展，委派曾中生以中央特派员的身份来鄂豫皖苏区，在七里坪主持召开紧急会议，并决定成立平汉特区行动委员会、中共鄂豫皖边特委。后经过慎重考虑，革命者将七里坪命名为"列宁市"，把长胜街命名为"杨殷街"。并在长胜街48号建设鄂豫皖特区苏维埃银行；在长胜街49号设立中西药局，为红军医院供应药品；在长胜街52～54号创办鄂豫皖特区第一个苏维埃经济公社，为农民提供种子、农具等生产用品；在长胜街29号设立饭堂合作社，并在河街创办鄂豫皖苏维埃小学，当时命名为"列宁小学"。

中华人民共和国成立初期，由于建设需要，长胜街南北城门楼已拆除,居民建房也改变了原来的模样。改革开放以来,长胜街的文物保护工作逐渐提上日程,并成立了"七里坪文物管理所",南北城门楼的修复工作也得以展开,此地原有的面貌得以逐渐重现。如今的长胜街已经成为集革命文物展示、革命传统教育、红色旅游观光于一体的绝佳去处。

七里坪镇除了革命老街长胜街以外,还有著名的天台山国家森林公园、香山湖、双城塔等主要景点。

红安七里坪镇

漫步七里坪镇，可以看见革命年代的众多遗迹。这些静静排列着的革命遗迹，见证了岁月的沧桑，展示着革命战士们的爱国壮举。

瞿家湾

瞿家湾地处荆州市洪湖西部，是有着重要纪念意义的革命旧址群。第二次国内革命战争时期，洪湖是湘鄂西革命根据地的中心，瞿家湾就是湘鄂西苏区首府所在地。如今，瞿家湾湘鄂西革命根据地旧址已被列入国家文物重点保护单位，同时还是全国优秀爱国主义教育基地和湖北省国防教育基地。

1927—1934年，以贺龙、周逸群、段德昌为代表的革命先驱，在中国共产党的领导下，坚持武装割据，浴血奋战，

洪湖瞿家湾

创建了以洪湖苏区为中心的湘鄂西革命根据地。鼎盛时期，湘鄂西革命根据地曾覆盖 58 个县市，拥有两万正规红军和近五万地方武装，是第二次国内革命战争时期割据范围最大的三块红色根据地之一。它为积蓄和发展革命力量，并最终夺取全国胜利作出了重大贡献。毛泽东曾对该地区作出高度的评价："红军时代的洪湖游击战争支持了数年之久，都是河湖港汊地带能够发展游击战争并建立根据地的证据。"

瞿家湾湘鄂西革命根据地旧址集中在红军街（明清老街）和沿河路街道南北两边，共有现代重要历史遗迹及代表性建筑 39 处。中共中央湘西分局坐落在瞿家湾红军街南侧东段。中共湘鄂西特委、湘鄂西省苏维埃政府、湘鄂西苏维埃联县政府、洪湖独立团（新六军）旧址，坐落在瞿家湾红军街南侧西段，原为瞿氏宗祠，现为湘鄂西瞿家湾革命纪念馆，王震曾亲笔题写馆名"洪湖瞿家湾革命纪念馆"。湘鄂西省革命军事委员会、湘鄂西省邮局二机关旧址，坐落在瞿家湾红军街北侧东段，现为洪湖革命历史博物馆瞿家湾分馆陈列室。以上所述的遗址古建筑多为清末民初民居建筑，穿斗式土木结构，单檐硬山，灰墙玄瓦，装饰精美，具有独有的古朴韵味，保持着明清风格，故红军街又被称为"明清老街"。

宣化店

宣化店原名"仙花店"，位于河南、湖北交界地带的大悟县。这里水陆交通便利，扼南北交通之咽喉，自古以来都是兵家必争的战略要地。在抗日战争时期，宣化店享有"中原地区小延安"的美誉,是著名革命老区和历史文化名镇。

　　这里在革命时期经受了多次战争的洗礼,曾经发生过多次革命战争和革命活动。1925年,中国共产党领导人郑新民曾在此进行秘密的革命活动;1926年建立起罗南第一个党支部;1928年8月,爆发"宣化店起义",建立了罗山县革命委员会;1930年10月,罗山县苏维埃政府在此成立。1946年1月,中原局、中原军区、中原解放区行政公署移驻于此;3月,董必武代表中共中央来此慰问中原军民;5月,周恩来偕同

宣化店纪念馆

美蒋代表前来视察,并进行了举世闻名的"宣化店谈判";6月26日,中原解放军于此进行名闻天下的"中原突围",打响全国解放战争的第一枪。1949年4月,礼山县(今大悟县)爱国民主政府在此地诞生。

作为湖北省省级革命文物重点保护单位,宣化店保留有大量革命旧址。中原军区司令部旧址位于宣化店街南端,为全国重点文物保护单位,是一栋三进三间的旧式建筑,原为宣化店商会公寓。1978年辟有中原军区革命斗争史陈列室。

宣化店谈判旧址位于竹竿河西岸,为原"湖北会馆"。该馆建于清道光元年(1821年),坐北朝南,二进五间,左右厢房三间,门窗均套格雕花,工艺精细,古色古香。1946年,周恩来与李先念曾在这里与美蒋代表进行谈判,商讨和平问题。其后,蒋介石撕破和平外衣而悍然向解放军发动猛烈的进攻,中原部队在这里展开"中原突围"战役。宣化店谈判旧址厅内陈列有当时三方谈判代表的席位及有关图片和文字资料;厢房内原样保存着周恩来曾睡过的门板及办公用过的桌、椅、油灯等文物。除此之外,景区周边还有九女潭、金山寺、八字沟古民居群、宣化水库、五岳山森林公园等别具特色的生态旅游景点。

中共五大会址纪念馆

中共五大会址纪念馆位于武昌都府堤20号的中华路小学潭秋校区,其前身为国立武昌高等师范学校附小,是全国重点文物保护单位。纪念馆内有7幢融合西式风格的学宫式建筑,建设规模系国内党代会纪念馆之最。

中共五大于1927年4月27日至5月9日在这里召开,出席大会的代表有陈独秀、瞿秋白、蔡和森、李维汉、毛泽东、张国焘、李立三等82人,代表全国57967名党员。共产国际代表罗易、鲍罗廷、维经斯基等也出席了大会。同年5月,中国共产主义青年团四大亦在此召开。中共五大会址纪念馆2006年开始筹建,2007年11月建成开放。

纪念馆占地面积为7900平方米,7幢建筑物呈"回"字形,均为砖木结构,中共五大开幕式会场已按照原貌进行复原。纪念馆内,除了一幢两层建筑楼被用作"五大会议历史陈列"外,还专门开设有"中国共产党反腐倡廉历程展"。该展览面积近600平方米,收录了400多幅珍贵图片以及30多件实物。

中共五大会址纪念馆现有中共五大开幕式会场,陈潭秋夫妇卧室,陈潭秋任教、伍修权上课的教室,武昌第一小学

中共五大会址纪念馆

传达室和古井五个复原陈列,以及"中共五大历史陈列""陈潭秋在武汉""武汉走出的革命家、军事家、外交家——伍修权""中国共产党反腐倡廉历程展"四个基本陈列。"中共五大历史陈列"通过了中央党史研究室的审查批准,展览由"高潮与危机""贡献与局限""应变与转折"三大展区组成。展览除丰富的文物和历史照片外,还借助电子翻书、幻影成像、人物蜡像等多种先进的科技、艺术手段,生动而真实地再现了中共五大召开的历史背景、会议经过和影响,陈列体现了党史界对中共五大研究的最新理论成果,受到中央党史研究室领导和专家的高度评价。

中共五大会址纪念馆与同条街上的农讲所旧址、毛泽东同志旧居这两处全国重点文物保护单位互相映衬,形成了一片别具特色的"红色景区"。

随州新四军第五师旧址群

新四军第五师旧址群位于湖北省随州市曾都区洛阳镇,遗址群包括九口堰新四军第五师司令部、政治部旧址,以及附近的抗大十分校、兵工厂、被服厂、医院、边区建设银行、《挺进》报社编辑部、报社印刷厂、十三旅部、随南县委等革命旧址,为湖北省级文物保护单位。

1939年1月,李先念率领鄂豫挺进纵队进入随州地区,开辟白兆山根据地,12月在曾都区洛阳镇九口堰建立师部。1984年10月,国家主席李先念亲笔书写了"国民革命军陆军新四军第五师司令部、政治部旧址"。1985年,九口堰纪念馆正式建成,每年有逾万名观众到此接受优良传统教育。1992年12月16日,湖北省人民政府批准九口堰纪念馆为省级重点文物保护单位。

1939年1月至1942年6月,李先念、陈少敏、任质斌、刘少卿等老一辈革命家率领新四军鄂豫挺进纵队在此浴血奋战长达三年之久,创建了白兆山抗日根据地。这个时期,正是该师创立、组建、发展、壮大的重要时期。皖南事变后,1941年4月5日,李先念率新四军第五师全体官兵在九口堰向全国通电就职。新五师司令部、政治部设在孙家大院,以孙家大院为中心,师直机关、抗大十分校、《挺进》报社、边区建设银行、战地医院、兵工厂等分布在九口堰村。

九口堰纪念馆是以新四军第五师司令部、政治部旧址为

随州新四军旧址

基础而建的，共有房屋56间，三进两院落。旧址始建于清雍正十一年（1733年），是一处保存完整的明清时期的古民居。抗日战争时期，该馆是我党在鄂豫边区的指挥中枢，在新四军第五师抗战史上占有十分重要的地位。2005年，为纪念抗日战争胜利70周年，纪念馆进行改扩建，并征集到一批珍贵的历史图片和实物。如今，这里展出照片、图表、油画等共计230多幅。同时，扩建时还修建了广场，广场前树立了李先念铜像，重建了革命烈士纪念碑，重新整理了新五师革命旧址文史资料，使陈列展览具有更强的吸引力和感染力。

习家池的气息

品味湖北之景

席星荃

听到习家池三字是在"文革"中,说是很古的园林,风景清幽,有一方极美的水池云云。心里便觉得有几分神秘。从城南乡下进城,走到这一带,望见西山如攒如簇的群峰,想到习池就在那里藏着,那份神秘几乎与仙境相等了。

后来读方志和史籍,才稍知其渊源。原来它是东汉襄阳侯习郁的私家园林,位于岘山之南的幽谷中,有白马泉水从山中流出,注入汉水。习郁引白马泉水,依范蠡养鱼法,修起一个大陂池,池中植菱荷之属,水中筑起钓台。池边绿柳红桃,长楸老槐,四季风景不歇。于是成为古代著名的风景胜地和中国最早的私家园林。

几十年过去了,终于在 1995 年 11 月 12 日实现了造访习家池的夙愿。那天下午从余家湖码头归城,在凤林关下车,拐入国道西边、凤凰山北麓的平缓山谷。谷中有一条时宽时窄的溪水,猜想它是不是白马泉。沿溪行走了一二里,有岔路通往北边的小山谷。这条山谷背依岘山主峰,东靠白马山,西边也是一座矮矮的山岭,显得幽深宁静。习家池就在山谷里。我们进入小山谷,立刻感到浓郁的山林气息包围了人,背后的山岭突然高大起来,满山的树木阴翳蔽日,凉气森森,浑身的热汗瞬间收敛了。

习家池也只是一个遗迹了，但我们看到了大陂池。大陂池保持着旧貌，没有毁坏和改变。不过池畔的溅珠池、半规池干枯了，这两口池子都呈半月形，青石为栏，联袂相生，原为古泉出处，距陂池上游数丈之处，是陂池的源头。据说上世纪大跃进时便干涸了。立池畔环顾四周，但见群山环抱，满坡松栎杂树直铺展到大陂池边，使人感到了无限的山野之趣。池畔有三两棵半枯的古木，败叶满地，想来很有年岁了。陂池颇不小，略仿扇形。池中尚存旧台，台上尚存旧亭。亭为重檐二层六角形，攒尖顶，斗拱高耸，檐角参差。有各色木雕：麒麟、马、鹿等瑞兽，凤凰、喜鹊、百灵等吉祥之鸟，以及书卷、流云、牡丹、菊、荷花，人物则有官绅、神仙、隐士、牧童……造型简洁，神态栩然。我们从木梯登上二楼远望了一番，忽觉夕阳在山，凉气更重了，于是下得楼来，急急而去。

后来又来过两三回。有一回遭遇大门紧闭，呼唤守门人不应，怅然而返，但那回路旁的山桃花开得正好，可以折枝赠人，多少是一点补偿。

来过两三回之后，便觉得说习家池是园林不如说它是山林，是山石泉林、云雾霞岚等自然诸相的聚合。习池的格局与建筑全然不同于晚期的士大夫园林，那些园子失在一个"巧"字。而在习池，它与雄峻的山脊、莽苍的深林、幽窈的山谷和远眺的汉水，还有高邈的天空合而为一。人在习家池行走，会感觉到某种吸摄灵魂的力量；力量或气息无形无相，漂浮于周遭空中，散逸在山林岩壑的那一抹青色里，无可捉摸。它是淡的，又是有力量的。不像进入壮丽的故宫，心会被震慑；不像进入卢浮宫，迷失了自我的存在。习家池的力量既是外在的，又是内在于自我的。在习家池行走的人，感觉到了灵魂之根的萌动、性灵的勃发以及一点点自在的欢欣，你与宇宙同在。

最先懂得习池佳处的是山简。山简是竹林七贤之一山涛之子，曾官至副宰相。永嘉三年，出为征南将军，镇襄阳。于时四方寇乱，天下分崩，王威不振，朝野危惧。山简心中有无限的惆怅与苦闷，"优游卒岁，唯酒是耽"，常到习家池上，置酒辄醉。归途中，他垂头骑在马上，帽子却戴倒了。道边儿童就拍手唱出一首儿歌："山公出何许？往至高阳池。日夕倒载归，酩酊无所知。时时能骑马，倒著白接篱……"这里佳气氤氲，宁静清旷，是读书和著述的好地方。著名史学家习凿齿是习氏后裔，幼年时曾在这里折节读书，后来也在这里接待过桑门高僧释道安。从太守任上退居乡里后，在这里写出名著《汉晋春秋》五十四卷和《襄阳耆旧记》这部中国早期方志。

最记得2003年5月3日的探访。那次往谷底走得深些，某军医院已迁走，有农民在弃置的建筑内养鸡、种蘑菇。谷中多梧桐，高大茂盛，凉气森森。两边山林木叶新发，满目苍翠。深入谷底一里余，路渐渐消失，白马山近了，显得气势逼人；野鸡嘎的一声，停了，又嘎的一声，却不知它在哪里。这也是一个黄昏，白马山后的夕阳照亮了山林；我忽然想起另一个遥远的黄昏：

"落日欲没岘山西，倒着接篱花下迷。襄阳小儿齐拍手，拦街争唱《白铜鞮》。旁人借问知何事，笑杀山公醉似泥。……"

这是李白的歌声。李白在歌唱。李白站在黄昏里，倚在习池中的山公楼上。而他的歌声里也有一个黄昏，那是山简的黄昏，是晋代的黄昏；那个黄昏的景象与王朝分崩在即的颓势有着内在的吻合。而李白放声高歌的这个黄昏就是大唐的黄昏，黄昏与黄昏不同，大唐的黄昏是底气十足、气势磅礴的。李白站在山公楼上，在美丽的夕照时分，敞开了青衫，高举起酒杯，放声高唱：

"——鸬鹚杓，鹦鹉杯，百年三万六千日，一日须倾三百杯。遥看汉水鸭头绿，恰似葡萄初发醅。此江若变作春酒，垒曲便筑糟丘台。千金骏马换小妾，笑坐雕鞍歌落梅。……"

对于李白而言，习家池是一个天赐的契机，此地、此景，其人、其事（山简），像酒一样激活了这个"楚狂人""谪仙人"的本性，他什么也不顾了，他此刻就是天上的仙人：

"车旁侧挂一壶酒，凤笙龙管行相催。咸阳市中叹黄犬，何如月下倾金罍。君不见，晋朝羊公一片石，龟头剥落生莓苔。泪亦不能为之堕，心亦不能为之哀。清风明月不用一钱买，玉山自倒非人推！舒州杓，力士铛，李白与尔同死生。襄王云雨今安在？江水东流猿夜声！"

就是这一个黄昏里，中国文学史上诞生了一首不朽的作品——《襄阳歌》如满天绮霞、九霄仙乐，超尘脱俗，震撼人心。

计成在《园冶》中说："郊野择地，依乎平冈曲坞，叠陇乔林，水浚通源，桥横跨水。去城不数里，而往来可以任意，若为快也。谅地势之崎岖，得基局之大小，围知版筑，构拟习池"——习家池已成郊野园林的典范。但我想，它的意义不仅仅在园林，更多的是因为它连着一些过去的非常遥远的时代。那些时代早已远逝，那些来过的人再也不会回来，但习家池保留了它的气息。有了这种气息，人们便可以于闭目之际，暂时回归曾经的历史氛围，让灵魂轻轻地飞升，有一刻时间超脱这重浊的尘世……

原载《湖北日报》2014年8月8日

后记

　　山之南，水之北，有山水之美，有人文之妙，楚楚动人，湖北是个好地方！立足湖北上好的旅游资源，打造湖北丰富的旅游产品，开拓湖北广阔的旅游市场，是湖北旅游人的孜孜追求。2014 年初，省旅游委原主任钱远坤提出了编写湖北旅游丛书的想法，并启动了这项工作。晏蒲柳接任后，继续对此给予重视和支持。历时四年，终磨一剑。四年来，我们集合了省旅游委机关有文字功底、有业务能力、有奉献精神的 15 位新锐来担当这项湖北旅游史上最浩大的文化工程。参加编写的同志克服了很多困难，他们是处室业务骨干，岗位职责繁重，又要承担有难度有挑战的编写任务。他们为此经常加班加点，耗费了大量业余时间，牺牲了许多节假日，且不取酬劳。或许他们没有深邃旷达的思想，没有妙笔生花的技能，但他们对本行业的领悟思考、对湖北旅游事业的炽热情感、对本丛书的奉献态度，是让人敬佩和感动的！

　　我们既立足自身，又依靠专家；既要出精神，又要出精品。刘友凡、熊召政、刘醒龙等赫赫之名，应邀为丛书作赋。熊召政主席还欣然出任丛书顾问，审阅书稿并作序。省旅游局原副局长陆令寿也为此作赋以示支持。还有一批散文家、摄影家为丛书提供了精美的作品。名流、专家的介入，使本丛书洋溢着文学、艺术的气息，使之可读、可深读。在此，向为本丛书作出贡献的专家学者表示深深的敬意和谢意!

本丛书还得到了各市州县、林区旅游委(局)的鼎力支持,在此一并致谢!

本丛书共四册,分别是:《风光湖北》,涵盖了湖北的名水、名山、名花,意在湖北的风光好看;《风云湖北》,涵盖了湖北的历史名事、名人、名址,意在湖北的故事好听;《风味湖北》,涵盖了湖北的民俗、名食、名品,意在湖北的味道好吃;《风尚湖北》,涵盖了湖北的名城、名村、名园,意在湖北的城乡好玩!

在编写过程中,我们参考了大量的资料,借鉴了有用的成果,但难以一一标明出处,望能包容!丛书内容囊括各地,但有详有略,不一定得当,望勿计较!我们在书中试探性地给每个市州的旅游形象提出了一句话,若有不妥,也望海涵!权且当作一种探索。

书成之日,便是遗憾之时。编者才疏学浅,书中谬误难免,盼望且读且谅且指正!

编 者

2018 年 4 月 9 日于武昌中北路湖北旅游大厦